全彩大字版

写给小学生的分级诵读课

经典百字文100篇

二年级 下

鱼利明 编著

北方联合出版传媒（集团）股份有限公司
春风文艺出版社
·沈阳·

图书在版编目（CIP）数据

经典百字文100篇. 二年级／鱼利明编著. —沈阳：春风文艺出版社，2023.2
（写给小学生的分级诵读课）
ISBN 978-7-5313-6294-4

Ⅰ.①经… Ⅱ.①鱼… Ⅲ.①阅读课—小学—教学参考资料 Ⅳ.①G624.233

中国版本图书馆CIP数据核字（2022）第155913号

编委会

编　著：鱼利明

主　编：卿红燕　亢　丽　孟克勤

编　者：许晓琪　李　紫　黄靖懿　蔡春锦　赵鸿雁
　　　　刘开贤　王　嵘　乔　宁　马宏涛　李鸿雁
　　　　李　丽　张李萍　赵新翠

让我们先来认识一下

人物：小鱼儿老师（真的姓鱼）
性格：幽默风趣、亲切随和
爱好：在教室里总能听到有人对他的博古通今津津乐道，在操场上总能看到孩子们围着他玩玩闹闹，这些都让他成了孩子们心中的男神，他诵读时发出的浑厚男中音也令孩子们着迷。

人物：小蟹同学（其实姓谢）
性格：机智勇敢、爱说爱笑
爱好：爱动脑筋，爱提出疑问，简直是个行走的"十万个为什么"。可是你别说，爱问问题让他的学习成绩突飞猛进。

姓名：小虾同学（其实姓夏）
性格：活泼可爱、心灵手巧
爱好：喜欢观察一切，喜爱诗词歌赋，声音甜美动听，拥有大批粉丝。虽说瘦小得像只小虾米，可是一肚子"墨水"令人刮目相看。

目录

一　童谣童诗

002　真稀奇
004　咬牛奶
006　顺唱歌来倒唱歌
008　听我唱支颠倒歌
010　毛虫和蛾子
012　老鼠娶亲
014　小人国
016　大人国
018　错了歌
020　蛐蛐吹大气（节选）

二　中外诗歌

024　绿草地（节选）
026　土和草
028　树干像支长笛
030　比赛之前
032　生病的日子

三　古代诗词

036　易水送别
038　赠孟浩然
040　农家望晴

042	归园田居		五	小古文
044	夜宿山寺			
046	蝶恋花·伫倚危楼风细细		078	破瓮救友
048	蝶恋花·春景		080	勿 贪 多
050	丑奴儿·书博山道中壁		082	亡 羊
052	采 桑 子		084	驴 遇 虎
054	蝶恋花·庭院深深深几许		086	卫 生
			088	公 园
四	经典蒙学		090	雪 人
			092	菊
058	名贤集（节选）		094	中 华
062	围炉夜话（节选）		096	万里长城
068	笠翁对韵（节选）		098	烹 饪

六　诸子百家

102　守　信
104　德与行
106　滥竽充数
108　守株待兔
110　盖有不知而作之者

一　童谣童诗

　　我们的生活中藏着一首首好听又好玩的童谣童诗,这里的童谣童诗大多数来自民间,估计你的爷爷奶奶和爸爸妈妈对它们并不陌生,甚至还知道里面更多的乐趣。它们将伴着你玩玩老游戏,练练嘴皮子,读读老故事,一起度过难忘的时光。

　　放松身心,融入童谣童诗之中,把里面的快乐、淘气、思念、悲伤等情感用你的声音读出来,你会发现玩着玩着就会背啦!

真 稀 奇

稀奇稀奇真稀奇,
麻雀踩死大公鸡,
蚂蚁身长三尺六,
爸爸睡在摇篮里,
宝宝唱着摇篮曲。

📖 读一读

小　　蟹：错了！错了！这首诗错了！

小　　虾：就是呀。麻雀能踩死大公鸡？蚂蚁身长三尺六？爸爸睡在摇篮里，宝宝却在唱摇篮曲？全都颠倒了！

小鱼儿老师：那你们能将这首儿歌正着念出来吗？

··········

小鱼儿老师：这首儿歌是故意说颠倒的。你们觉得读起来好玩吗？

小　　蟹：好玩，这是我见过的最好玩的儿歌了！

小鱼儿老师：那咱们再读几遍吧！

📖 背一背

小鱼儿老师：小虾和小蟹，咱们做个游戏吧。我念颠倒的，你们反过来把它变成不颠倒的。好的，听着，麻雀踩死大公鸡。

小　　虾：大公鸡踩死麻雀。

小鱼儿老师：蚂蚁身长三尺六。这句话谁来变一变？

小　　蟹：老虎身长三尺六。

小鱼儿老师：爸爸睡在摇篮里，宝宝唱着摇篮曲。

小虾和小蟹：宝宝睡在摇篮里，爸爸唱着摇篮曲。

小鱼儿老师：接下来，咱们反过来吧。你们来说颠倒的部分，我来变成不颠倒的，好吗？

📖 编一编

小鱼儿老师：同学们，你们能试着编两句颠倒歌吗？

咬牛奶

咬牛奶,喝面包,
夹着火车上皮包。
东西街,南北走,
出门看见人咬狗。
拿起狗来打砖头,
又怕砖头咬我手。

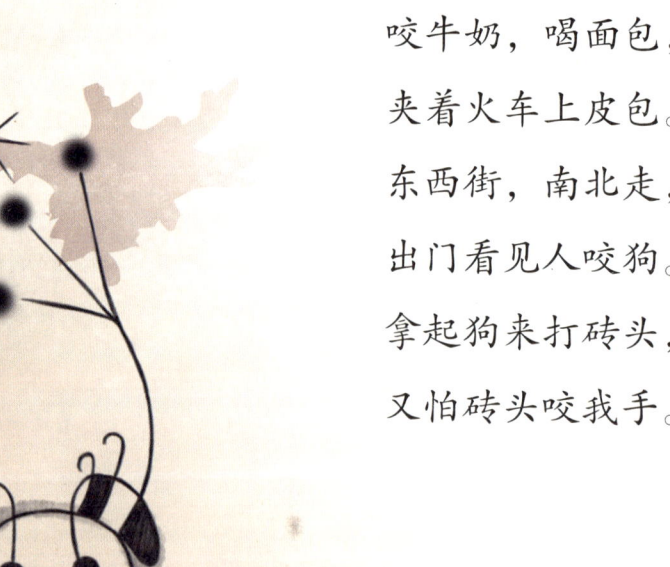

📖 读一读

小 虾：小蟹，咱俩也玩个颠倒歌的游戏吧。我说颠倒的，你来变成正常的。怎么样？

小 蟹：好，开始吧！

小 虾：咬牛奶，喝面包。

小 蟹：喝牛奶，咬面包。

小 虾：夹着火车上皮包。

小 蟹：夹着皮包上火车。

小 虾：出门看见人咬狗。

小 蟹：出门看见狗咬人。

小 虾：拿起狗来打砖头。

小 蟹：拿起砖头来打狗。

小 虾：又怕砖头咬我手。

小 蟹：又怕我手咬砖头。啊，也不对呀！

小鱼儿老师：是又怕狗来咬我手。哈哈！

📖 背一背

小 蟹：小鱼儿老师，其实我已经差不多会背了。

小鱼儿老师：这样的颠倒歌本来就很有趣，正着读一遍，倒着念一遍，这样背起来就更快了！

小 虾：小鱼儿老师，我背会了！

📖 编一编

小鱼儿老师：同学们，顺着这首颠倒歌，你们也来编两句吧！

顺唱歌来倒唱歌

顺唱歌来倒唱歌,
河里石头滚上坡。
我打弟弟门前过,
看见弟弟摇外婆。
满天月亮一颗星,
十万将军一个兵。

📖 读一读

小鱼儿老师：顺唱歌来倒唱歌,河里石头滚上坡。

小　　蟹：是坡上石头滚到河里。

小鱼儿老师：我打弟弟门前过,看见弟弟摇外婆。

小　　虾：是我打外婆门前过,看见外婆摇弟弟。

小鱼儿老师：满天月亮一颗星,十万将军一个兵。

小　　蟹：是满天星星一个月亮,十万士兵一个将军。

📖 背一背

小　　蟹：这首歌太好玩了。

小鱼儿老师：我们还可以读得更好玩。小虾、小蟹,你们一人读一句。

小　　虾：顺唱歌来倒唱歌。

小鱼儿老师：噢!

小　　蟹：河里石头滚上坡。

小鱼儿老师：啊?

小　　虾：我打弟弟门前过,看见弟弟摇外婆。

小鱼儿老师：哎哟!

小　　蟹：满天月亮一颗星,十万将军一个兵。

小鱼儿老师：嘿! 小虾,小蟹,你们看,这样读像不像一段相声。咱们这样再读两遍,你们一定可以背下来。

📖 编一编

小鱼儿老师：同学们,你们也来编一段倒唱歌怎么样?

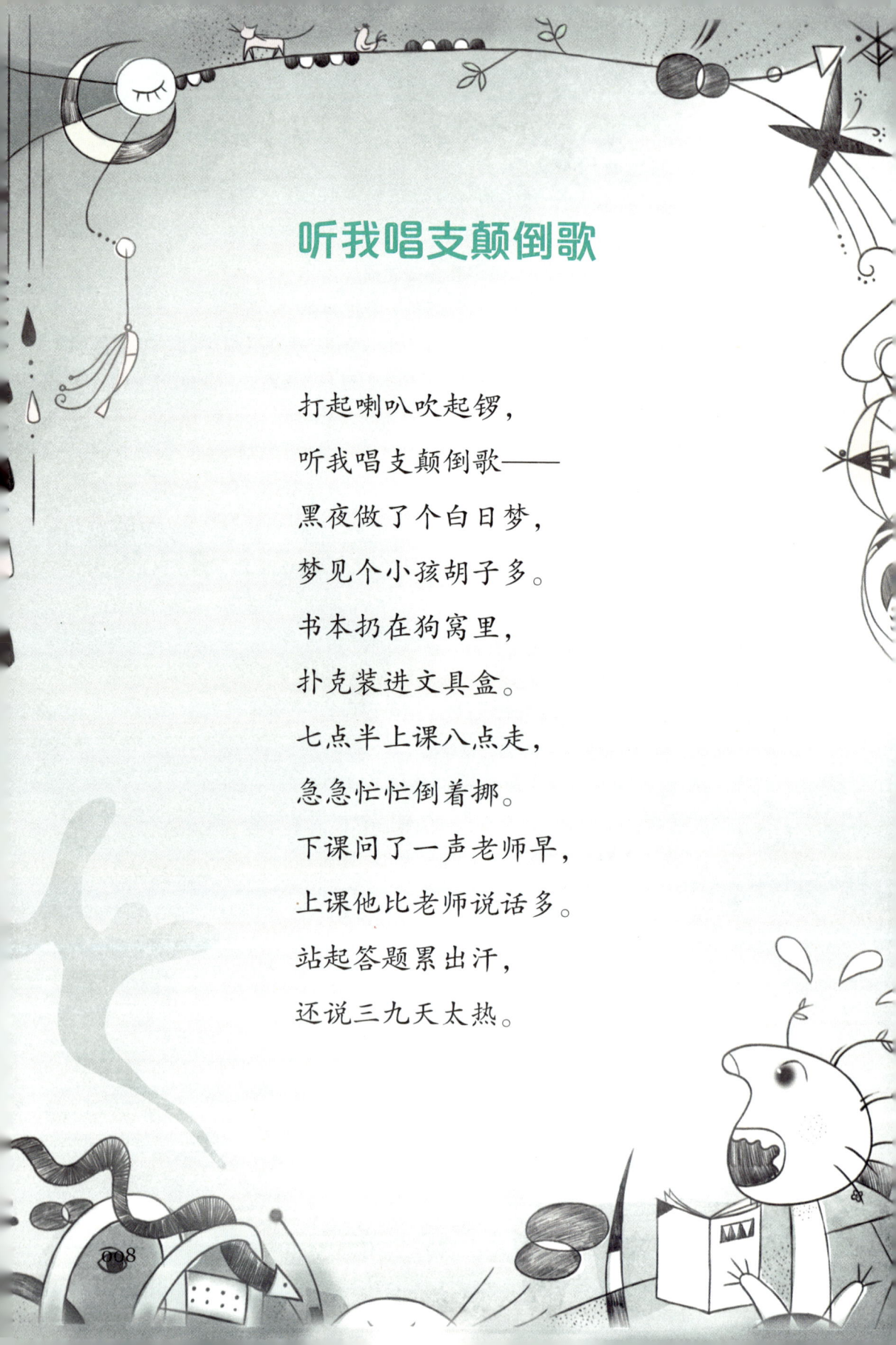

听我唱支颠倒歌

打起喇叭吹起锣,
听我唱支颠倒歌——
黑夜做了个白日梦,
梦见个小孩胡子多。
书本扔在狗窝里,
扑克装进文具盒。
七点半上课八点走,
急急忙忙倒着挪。
下课问了一声老师早,
上课他比老师说话多。
站起答题累出汗,
还说三九天太热。

📖 读一读

- 小　　蟹：小鱼儿老师，我今天也找到一首颠倒歌，也很好玩。不过有点长。
- 小鱼儿老师：那你给我们读读最有趣的部分。不过也要把颠倒的内容正着读一遍，可以吗？
- 小　　蟹：没问题的。你们听着呀，对着地图头挠手，缩缩眼睛挤挤脖：长白山在四川省，吉林有个大渡河，江心骆驼下了个蛋，山顶乌龟做了个窝……正着就是，对着地图手挠头，缩缩脖子挤挤眼：长白山在吉林省，四川有个大渡河，江心乌龟下了个蛋，山顶麻雀做了个窝。
- 小鱼儿老师：小蟹真棒，不仅正着说，还把不合理的地方改了改，小虾你听出来了吗？
- 小　　虾：听出来了，乌龟不在山顶，骆驼也不能做窝。小蟹改成了山顶麻雀做了个窝。
- 小鱼儿老师：正确。颠倒歌就是把合理的变成了不合理的，你们继续在这首儿歌中找一找，把不合理的变成合理的。

📖 背一背

- 小鱼儿老师：小虾和小蟹，你们各选一段自己觉得最好玩的背下来。咱们比一比谁最快，谁的方法最好。都先说说你打算用什么样的方法。
- 小　　蟹：我背的时候就想着那个画面，越想越好笑，就背下来了。
- 小　　虾：我是念一遍不合理的，再说一遍合理的，很快就背下来了。
- 小鱼儿老师：那就用自己的方法开始吧！

📖 编一编

- 小鱼儿老师：同学们，你们也来接着最后编一段颠倒歌怎么样？

毛虫和蛾子

顾 城

毛虫对蛾子说：
你的翅膀真漂亮。
蛾子微笑了，
是吗？
我的祖母是凤凰。

蛾子对毛虫说：
你的头发闪金光。
毛虫挺自然，
可能，
我的兄弟是太阳。

读一读

小　　蟹：今天可真是饿死我了，我要拿个澡盆一样大的碗吃饭。

小　　虾：小蟹，你怎么那么爱吹牛哇！

小　　蟹：我吹牛？告诉你吧，蛾子的祖母是凤凰，毛虫的兄弟是太阳，你相信吗？这才是吹牛呢！

小　　虾：不相信！

小　　蟹：这可是诗人顾城写的呢，不信你问问小鱼儿老师。

小鱼儿老师：哈哈。小虾，这的确是诗人顾城写的。诗人给我们营造了另一个世界，那个世界充满了想象，充满了神奇。不信你们读一读这首《毛虫与蛾子》。不过，小蟹，想象的世界可以吹牛，现实中还是不要说大话为妙哇！

背一背

小鱼儿老师：小蟹，现在你是毛虫；小虾，你是蛾子。

小　　蟹：哈哈！好的！小虾蛾子，你的翅膀真漂亮！

小　　虾：是吗？我的祖母是凤凰。小蟹毛虫，你的头发闪金光呢！

小　　蟹：可能，我的兄弟是太阳。哈哈，小鱼儿老师，这太有趣了。

小鱼儿老师：照这样再来两遍，你们一定可以背下来。

演一演

小鱼儿老师：同学们可以演一演这个故事。

老鼠娶亲

小红孩儿,
戴红帽,
四个耗子抬红轿。
花猫打灯笼,
黄狗来喝酒,
一喝喝到城隍庙,
城隍老爷吓一跳。

读一读

小　　蟹：小虾，这个世界上除了有爱吹牛的毛虫和蛾子，我还见过一只爱吹牛的老鼠。你快来看看。

小　　虾：可不是！娶亲那么大的排场也就算了，居然还让花猫打灯笼，老鼠难道忘了猫和鼠是天敌吗？

小　　蟹：还不止这个，狗也来喝酒了。鼠、猫、狗在一块，真是不敢想……

小鱼儿老师：其实还有好多人也来道贺了，你们都可以想一想，还有谁？

背一背

小　　虾：小红孩儿，

小　　蟹：在。

小　　虾：戴红帽。

小　　蟹：啊？

小　　虾：四个耗子抬红轿。

小　　蟹：哈哈。

小　　虾：花猫打灯笼。

小　　蟹：不可能。

小　　虾：黄狗来喝酒。

小　　蟹：乱了。

小鱼儿老师：一喝喝到城隍庙，城隍老爷吓一跳。

小　　虾：这样读有趣多了，就像听相声。

小鱼儿老师：那就这样多读几遍，表演给同学们看看。

找一找

小鱼儿老师：老鼠经常出现在儿歌中，你还知道哪些儿歌中提到老鼠了？

小人国

门铃响,
大门开,
黄衣邮差送信来。
信从哪里来?
信从小人国里来,
接过信来瞧一瞧,
大字还比蚂蚁小。
看不出,
快拿显微镜来照。
信上说的什么话?
有人旅行来过夏,
托我预备鸽子棚,
当作旅馆住一下。

📖 读一读

小 蟹：小虾，你相信世界上有小人国吗？

小 虾：相信，我想小人国的世界一定和我们一样，有学校，有公园呢！

小鱼儿老师：如果你收到一封来自小人国的信，猜猜信上会写什么呢？

小 蟹：哈哈，他写什么我们都看不到，因为他的字太小了！

小 虾：我们给他们写封信吧，邀请他们来我们这里玩。小蟹，让他们住你家吧。

小 蟹：好哇！我家的鸽子笼大小肯定合适，我会把它布置得很温馨，放心吧！

小鱼儿老师：民国老课本上也有这样的一首儿歌《小人国》，你们来读一读。

小 虾：小鱼儿老师，"黄衣邮差"就是穿着黄衣服的邮递员吗？

小鱼儿老师：对，以前的邮递员就叫邮差。

📖 背一背

小鱼儿老师：信从哪里来？

小 虾：信从小人国里来，接过信来瞧一瞧，大字还比蚂蚁小。

小鱼儿老师：信上说的什么话？

小 蟹：有人旅行来过夏，托我预备鸽子棚，当作旅馆住一下。

小 虾：这样一问一答，就叫设问句。

小鱼儿老师：小虾说得很对。自己提出问题再自己回答，就叫设问。你们两个就读读这两句设问句，试试能不能背下来。

小 蟹：能。这内容真好玩！

小 虾：我也能，因为格式很像。

📖 想一想

小鱼儿老师：来自小人国的信会写什么呢？你们想一想吧！

大 人 国

门铃响,
大门开,
绿衣邮差送信来。
信从哪里来?
信从大人国里来,
信纸方方二丈四,
只写三十六个字。

约我去大人国里
　玩一次。
去的路程有多远?
掐着指头算一算:
火车要走四五年;
飞机要走一年半。

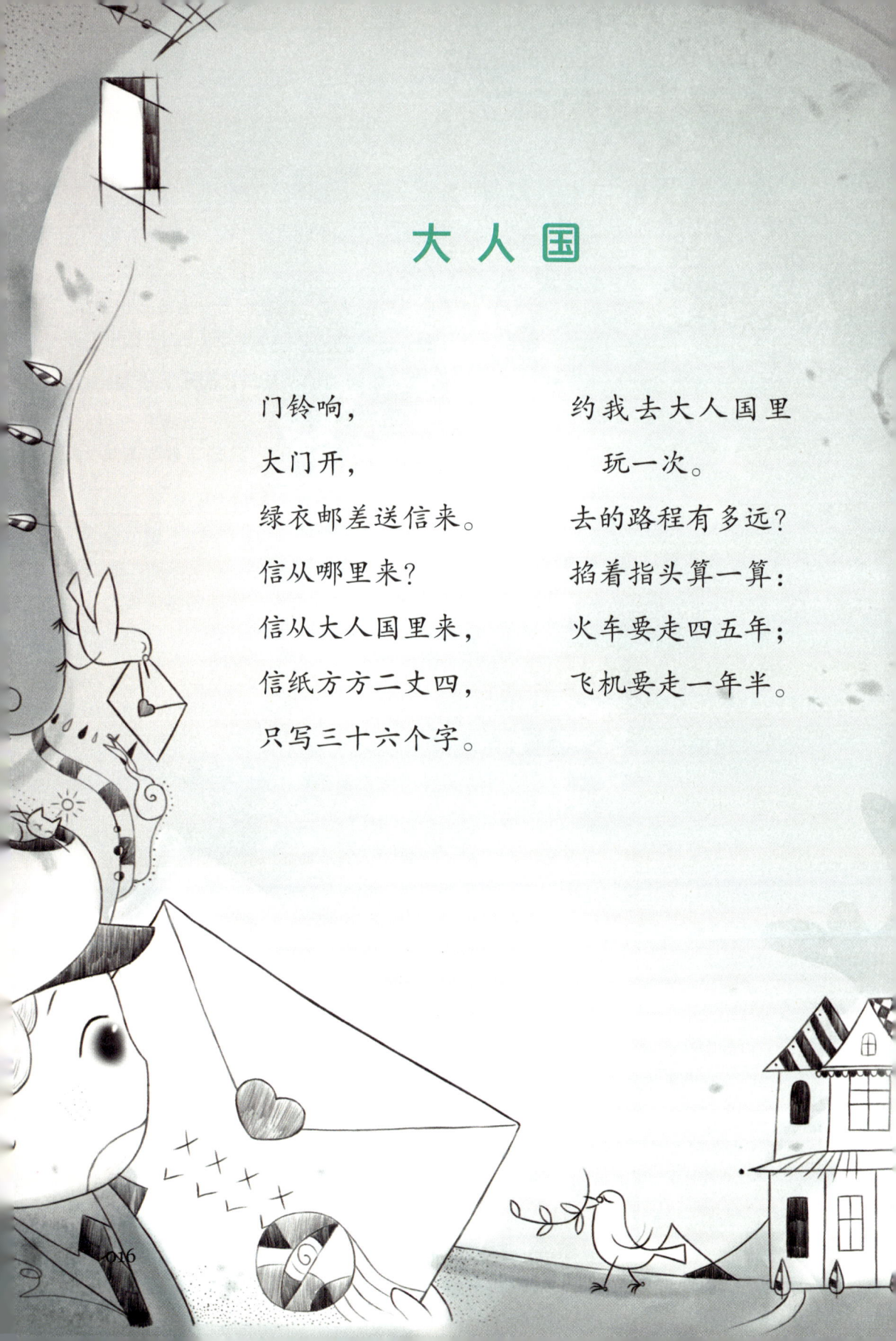

读一读

小　　　蟹：昨天小人国的黄衣邮差来了,今天大人国的绿衣邮差又来了!

小　　　虾：小人国的信"大字还比蚂蚁小",那大人国的呢?

小　　　蟹：信纸方方二丈四,只写三十六个字。

小鱼儿老师：是不是小人国的来信字越小,就显得大人国的字越大?

小　　　虾：就是呀。真想不出大人国里的人有多高。

小　　　蟹：我也真想不出咱们去一趟大人国要走多久。

小鱼儿老师：你们去看看儿歌里是怎么说的。

小虾和小蟹：火车要走四五年;飞机要走一年半。

小鱼儿老师：在这个想象的世界里,思维可以自由驰骋,想一想,如果是你们,你们会怎么说?

背一背

小　　　虾：小鱼儿老师,这首儿歌我很快就能背下来。

小鱼儿老师：小虾,你是怎么做到的?

小　　　虾：因为《小人国》我们已经背会了,你们看两封信的开头像不像?

小鱼儿老师：小虾,你太善于发现了,那两首诗还有没有相像的地方?

小　　　蟹：我也发现了,这首儿歌也有两个设问句!

小鱼儿老师：对!这两首诗在格式、句式上都有相同的地方,利用这一点很快就可以背下这首儿歌来。

想一想

小鱼儿老师：来自大人国的信会写些什么内容呢?你们想一想吧!

错 了 歌

刚过十二点,太阳就落坡。
鸭子逃上树,猫儿进了窝。
蝙蝠天上飞,正把蜜蜂捉。
狗儿不怕热,舌头嘴边拖。
飞来萤火虫,把我手烫破。
蚊子嗡嗡叫,直往灯上落。
月圆星星多,怎能不唱歌?
请你想一想,唱错没唱错?

读一读

小鱼儿老师：小虾、小蟹，读读这首《错了歌》，你们能发现哪些地方有错吗？

小　　　虾：小鱼儿老师，我觉得句句都有问题。

小鱼儿老师：那你们能不能把《错了歌》改成《对了歌》？

小　　　虾：我们试试！刚过六七点，太阳就落坡。麻雀逃上树，猫儿进了窝。蝙蝠天上飞，正把小虫捉。

小　　　蟹：狗儿还怕热，舌头嘴边拖。飞来萤火虫，落在手中央。蚊子嗡嗡叫，直往身上落。小鱼儿老师，我改得好吗？

小鱼儿老师：改得真不错！再去读读这首《错了歌》吧！

背一背

小鱼儿老师：小虾、小蟹，这首儿歌里出现了几种动物？

小　　　虾：有鸭子、猫、蝙蝠、蜜蜂、狗、萤火虫、蚊子。

小鱼儿老师：小虾、小蟹，心里想着那种小动物，试着记一记内容。

小　　　虾：我记住了鸭子逃上树，猫儿进了窝。

小　　　蟹：我记住了狗儿不怕热，舌头嘴边拖。

…………

编一编

小鱼儿老师：顺着这首《错了歌》，你能再编几句吗？

蛐蛐吹大气（节选）

墙头高，墙头低，

墙旮旯（gā lá）有对蛐蛐在那儿吹大气。

大蛐蛐说：

昨儿个我吃了两只花不棱登的大老虎。

小蛐蛐说：

今儿个我吃了两头灰不溜秋的大毛驴。

大蛐蛐说：

我在南山爪子一抬，踢倒了十棵大柳树。

小蛐蛐说：

我在北海大嘴一张，吞了十条大鲸鱼。

读一读

小　　蟹：小虾，你快来看，这两只蛐蛐太能吹牛了。

小　　虾：在哪儿?

小　　蟹：在墙旮旯呢！听听，它们还吃老虎、吃毛驴呢！蛐蛐也就吃个虫。

小　　虾：没边没际地吹牛，早晚会吃亏的。老师，后来呢?

小鱼儿老师：后来呀，"这两只蛐蛐正在吹大气，扑棱棱打东边飞来一只芦花大公鸡。你看这只公鸡有多愣，它哆的一声吃了那只小蛐蛐。大蛐蛐一看生了气，它龇牙捋须一伸腿，唉！它也喂了鸡！哈哈，看它还吹大气不吹大气！"

小　　蟹：所以说嘛，平时生活中还是不要说大话的好。

背一背

小鱼儿老师：这首儿歌中也有许多句式一样的句子，你们找得到吗？

小　　虾：我找到了：昨儿个我吃了两只花不棱登的大老虎。今儿个我吃了两头灰不溜秋的大毛驴。

小　　蟹：我也找到了：我在南山爪子一抬，踢倒了十棵大柳树。我在北海大嘴一张，吞了十条大鲸鱼。

小鱼儿老师：句式相同的句子特别好背诵，你们可以试试。

编一编

小鱼儿老师：你们能把这首儿歌改编成故事给大家讲一讲吗？

二 中外诗歌

美丽的自然和有趣的生活是这一单元的主题，让我们在诗歌中品味大自然的神奇美丽，体会世界的广阔多彩吧！

生活就是一首首缓慢而又优美的诗歌，孩子是诗歌中最美的旋律。清晨或午后，甚至是睡前时分，打开书，读上一首动听的诗吧！

绿草地(节选)

顾 城

绿草地,绿草地,
一朵小花开放了,
没有芳香,没有蜜。

绿草地,绿草地,
一只小蜂飞来了,
又不高兴,又不急。

小蜂绕着小花飞,
飞来又飞去,
飞高又飞低。

终于小蜂飞走了,
因为有问题,
因为有秘密。

他要去写诗,
他要去作曲,
他要穿一件新上衣。

他要再来绿草地,
轻轻落在小花上,
轻轻说:我爱你。

读一读

小鱼儿老师：春风吹拂、春雨飘洒，我们的晨诵沉浸在春天里，真是令人陶醉。

小　　虾：绿草地上，一朵小花开放了，一只小蜂围着它飞来飞去，结果还是飞走了，为什么会这样呢？

小　　蟹：小蜂的秘密到底是什么？让我们一起来读诗，到诗歌中去找答案吧。

背一背

小鱼儿老师：读诗可以让我们拥有博爱而敏感的心灵，这是一件非常美好的事。绿草地上，小花开放，小蜂飞来。听着同学们的诵读，好似一个声音在耳边轻轻地讲述着小蜂的秘密。

小虾和小蟹：小蜂的秘密我们知道，同学们，你们知道吗？

讲一讲

小鱼儿老师：这不仅仅是一首诗，还是一个美丽的童话。同学们，发挥你们的想象，把小花和小蜂之间发生的故事讲给小伙伴听吧。

土 和 草

［日本］金子美玲 著　　吴菲 译

妈妈她不知道，
成千上万的草籽（zǐ）呀，
都是土地一个人抚养。
而当草儿
郁（yù）郁葱（cōng）葱地长大了，
土地却在草下隐藏（yǐn cáng）了
　自己的模样。

读一读

小鱼儿老师： 金子美玲是深受孩子们喜欢的日本童谣诗人，被誉为"童谣诗的彗星"。在她的笔下，鸟儿唱，花儿笑，草儿舞，鱼儿说……世界都变得那样奇妙多姿。

小　　虾： 土地和草籽，是不是就像妈妈和孩子一样呢？

小　　蟹： 土地妈妈抚养草籽长大，多么伟大！

小鱼儿老师： 轻轻地读读这首诗，看看你能读出什么感觉来。

背一背

小　　蟹： 一开始我不理解为什么土地要隐藏自己的模样，后来想到土地和草籽就像妈妈和孩子一样，我一下子就明白了：土地付出了自己的所有孕育草籽，让它们健康长大，这就是土地最大的骄傲。

小　　虾： 小蟹说得真好。听了你的理解，我背诵这首诗时更有感情了。同学们，让我们一起来背诵吧。

想一想

小鱼儿老师： 是谁抚养你长大？你又准备对他们说些什么，做些什么呢？

树干像支长笛

［美国］苏珊·麦金太尔 著　　白伟 译

树干像支长笛，
枝丫似按着笛眼屈伸的手指，
当风儿，
柔和的风儿吹过时，
雨露般甜蜜的笛声开始奏鸣。
星儿婆娑（pó suō）起舞，
鸟兽的歌声响遏（è）行云。

读一读

- 小　　蟹：树干像长笛，谁在吹响它？
- 小　　虾：树干像长笛，风儿在吹响。
- 小鱼儿老师：树干像长笛，风儿在吹响，笛声伴着小朋友的朗读声，美妙极了。

背一背

- 小　　虾：在诗人的笔下，一切像被施了魔法，大自然中的事物就像神奇的艺术家。
- 小　　蟹：树儿吹奏，星儿起舞，鸟兽歌唱。
- 小鱼儿老师：就带着这样的想象，一起来背诵这首诗吧。

说一说

- 小鱼儿老师：在你的眼里，树干还像什么？枝丫又像什么？风儿还能做什么？树干和星星、鸟兽一起，发生了怎样的故事呢？

比赛之前

［美国］谢尔·希尔弗斯坦 著　　范晓星 译

侯先生告诉儿子小侯：
"努力跑，不要找借口。"
丁先生告诫（jiè）儿子小丁，
输了就要他的命。
金先生则叮嘱（zhǔ）小金：
"不要害怕，但要小心。"
最后，小雷得了第一，
因为他爸爸没在那里。

读一读

小鱼儿老师： 谢尔·希尔弗斯坦不仅是诗人，还是插画家、剧作家、作曲家和乡村歌手。同学们熟悉的绘本《爱心树》就是他的作品呢。

小　虾： 我看过《爱心树》，那真是个美丽又感人的故事。

小　蟹： 这首诗真有趣，好像也写出了我的爸爸。小虾，你来读读，看看这里有没有你的爸爸。

背一背

小鱼儿老师： 为什么爸爸不在现场，小雷却能得第一？这其中的奥妙你们明白吗？

小　虾： 小雷身上没有爸爸的叮嘱、告诫和担心，但他得了第一，这告诉我们：有些成长只有自己经历才能获得。

小　蟹： 让我们一起来把这首诗背给侯先生、丁先生和金先生听吧。

说一说

小鱼儿老师： 爸爸妈妈平时会对你提些什么要求？你有什么样的感受呢？你想对爸爸妈妈说些什么？把这首诗读给爸爸妈妈听，也把你的心里话一起对他们说一说吧。

生病的日子

［美国］玛·霍伯曼 著

在我生病躺在床上的日子，
妈妈变得那么和蔼（ǎi）：
她喂我一碗鸡汤，
又是姜汁饮料还带冰块。

她切开奶油烤面包片，
用一个盘子端到我的床前。
当我吃的时候她坐下来，
而且不再起身离得远远。

她给我读我最喜欢的书，
让我点哪一段都行。
每一件事都十全十美，
——只除了我还在生病！

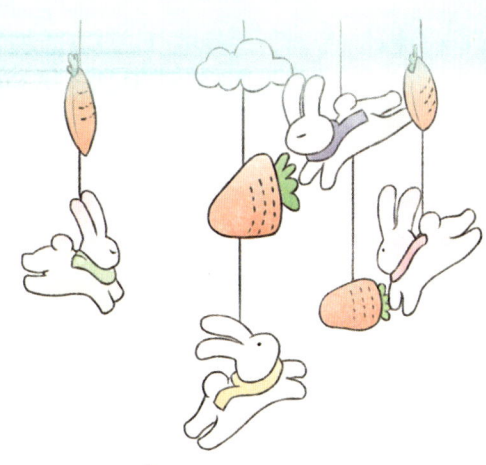

🎓 读一读

小鱼儿老师：你生病的时候,妈妈都为你做了些什么呢?

小　　　虾：我发烧的时候,妈妈不眠不休,守候在我身边,细心照顾我。结果,我的病好了,妈妈却病倒了。

小　　　蟹：我生病了,妈妈会做我最喜欢吃的肉饼,还会榨果汁给我喝。

小鱼儿老师：你们的妈妈就在这首诗里,快来读一读吧。

🎓 背一背

小　　　蟹：小虾,你说为什么生病的时候妈妈会变得那么和蔼?

小　　　虾：当然是因为妈妈爱我们,希望我们快点儿康复。

小　　　蟹：可如果妈妈平时也能这么和蔼,该多好哇!

小　　　虾：那就让我们把这首诗背给妈妈听吧。

🎓 说一说

小鱼儿老师：把这首诗背给妈妈听,告诉她藏在你心底的悄悄话。说不定,在不生病的日子里,妈妈也会这么和蔼、温柔,那就真的十全十美了!

三　古代诗词

诗词是中华民族的瑰宝，几千年来，我国诗人辈出，佳作如林。本书中选录了一些大家耳熟能详的古代诗词，这些诗词或写景，或叙事，或豪放，或委婉，以简洁明了的风格、丰富而深邃的意境，使我们产生无限的遐想，带给我们美的享受。

在学习这些诗词的时候，我们可以吟，可以诵，可以感，可以悟，也可以把同一主题的诗歌找来一起读一读，更可以阅读不同时期的诗词，透过诗词去感受那段历史。

易水①送别

［唐］骆宾王

此地②别燕丹③，壮士④发冲冠⑤。
昔时⑥人已没⑦，今日水犹⑧寒。

注释

① 易水：也称易河，为战国时燕国的南界。
② 此地：原意为这里、这个地方。这里指易水岸边。
③ 别燕丹：指的是荆轲作别燕太子丹。
④ 壮士：意气豪壮而勇敢的人，勇士。
⑤ 发冲冠：形容人极端愤怒，因而头发直立，把帽子都顶起来了。冠，帽子。
⑥ 昔时：往日，从前。
⑦ 没：死，即"殁"字。
⑧ 犹：仍然。

📖 读一读

小鱼儿老师：骆宾王的那首《咏鹅》，我们从小就背得滚瓜烂熟。诗人的这首诗题意为送人，但它并没有叙述一点儿朋友别离的情景，也没有告诉我们送别的是何许人。你们读出了什么呢？

小　虾：我查阅了资料。据史载，战国末年荆轲为燕太子丹复仇，欲以匕首威逼秦王，使其归还诸侯之地。临行时燕太子丹及高渐离、宋意着白衣冠（丧服）送于易水，高渐离击筑，荆轲应声而歌："风萧萧兮易水寒，壮士一去兮不复还。"歌声悲壮激越，"士皆瞋目，发尽上指冠"。这首诗的第一联，"此地别燕丹，壮士发冲冠"，就是写的这件事。

小　蟹：那也就是说，在这个地方荆轲告别燕太子丹，壮士悲歌壮气，怒发冲冠。那时的人都已经不在了，今天的易水还是那样寒冷。

📖 背一背

小鱼儿老师：它寓情于景，不仅寄寓了荆轲那种不畏强暴的高风亮节，千载犹存，而且隐含了诗人对现实环境的深切感受。

小　虾：我觉得结合诗中讲述的历史故事，记忆更深刻。

📖 查一查

小鱼儿老师：骆宾王（约640—684），婺州义乌（今浙江省义乌市）人。早慧，七岁能赋诗，有"神童"之誉。早年随父游学于齐鲁一带，有志节，以诗文著称，与当时著名文士王勃、杨炯、卢照邻齐名。他善为五言诗，七言歌行尤为擅长，其中不乏托物寄兴、直抒胸臆的佳作。这些都奠定了他作为"唐初四杰"之一的地位。关于骆宾王，你还知道些什么呢？快查一查相关资料吧！

赠孟浩然

[唐]李　白

吾爱孟夫子,风流①天下闻。
红颜②弃轩冕,白首卧松云。
醉月频中圣③,迷花④不事君。
高山⑤安可仰,徒此揖清芬。

注释

① 风流:古人以风流赞美文人,主要是指有文采、善辞章、风度潇洒、不钻营苟且等。
② 红颜:指孟浩然少壮时期。
③ 中圣:"中圣人"的简称,即醉酒。曹魏时徐邈喜欢喝酒,称酒清者为圣人,酒浊者为贤人。中,读去声,动词,"中暑""中毒"之"中",此为饮清酒而醉,故曰中圣。
④ 迷花:迷恋花草,此指陶醉于自然美景。
⑤ 高山:言孟品格高尚,令人敬仰。

读一读

小鱼儿老师： 李白的律诗不屑为格律所拘束，而是追求古体的自然流走之势，直抒胸臆，透出一股飘逸之气。李白与孟浩然的友谊是诗坛上的一段佳话。该诗开篇就称：我非常敬爱孟老夫子，他风雅潇洒闻名于世。少年时鄙弃富贵功名，老年后隐居林泉松山。望月饮酒常入醉乡，迷恋花草不走仕途路。高山挺立自叹不可攀，只有跪拜赞美他的高洁。

小　　虾： 对二人结下的友情我非常感兴趣，史载孟浩然曾隐鹿门山，年四十余客游京师，终以"当路无人"，还归故园，而李白亦有类似的经历。

小　　蟹： 这就不难理解二人彼此结识，固然不乏饮酒唱和、携手邀游的乐趣，但最为重要的是，他们成为追求情感的和谐一致、寻求灵性飘逸的同伴和知音。

背一背

小鱼儿老师： 整首诗的结构采用抒情——描写——抒情的方式。开头提出"吾爱"之意，自然地过渡到描写，揭出"可爱"之处，最后归结到"敬爱"。依感情的自然流淌结撰成篇，行云流水般舒卷自如，表现出诗人率真自然的感情。

小　　蟹： 抒情——描写——抒情，吾爱——可爱——敬爱，这个思路可以帮我快速背诵这首诗，你也来选择你喜欢的方式记诵这首赠友人的诗吧。

找一找

小鱼儿老师： 文学史上不乏赠友人的名家名篇，同学们不妨找来读读记记，以"友谊"为主题，开个诗会。

农家望晴

[唐] 雍裕之

尝闻①秦地②西风雨，为问西风早晚回？
白发老农如鹤立，麦场高处望云开。

注释

① 尝闻：曾经听说。
② 秦地：今陕西一带。

读一读

小鱼儿老师：《农家望晴》所描写的场景是正当农民打麦晒场的时候,忽然变了风云,一时风声紧,雨意浓。秦地(今陕西一带)西风则雨,大约出自当时的农谚。这样的农谚与天气变化有关。

小 虾：我明白了,在这个节骨眼上,天气好坏关系到一年收成。一场大雨,将会使很多人家的希望化作泡影,所以诗人恳切地默祷苍天不要下雨。

小 蟹：所以头发花白的老农久久站立,在麦场的高处,盼望着乌云散去,太阳重现。

小鱼儿老师：这首诗对农民有同情,但没有同情的话;对农民有歌颂,但也没有歌颂的话。诗人由衷的同情与歌颂尽在不言中。

背一背

小鱼儿老师：这首诗选取收割时节,西风已至、大雨将来时的一个农家生活片段,集中刻画一个老农望云的情景,通过这一"望",使读者联想到农家的辛勤。

小 虾：边读边想象,老人家的形象就渐渐清楚、高大起来,整首诗的意境就非常明晰了。

搜一搜

小鱼儿老师：由这首《农家望晴》可以想到白居易《观刈(yì)麦》所描写的那种劳动情景,也可以想到嗷嗷待哺的农家儿孙和等着收割者的无情的"收租院",等等,此诗潜在含义是很深的。类似的描写农民题材的古诗也屡见不鲜,同学们再搜集一些吧,举一反三,印象会更深刻。

归园田居

[东晋] 陶渊明

种豆南山①下,草盛豆苗稀。

晨兴②理荒秽(huì)③,带④月荷(hè)锄⑤归。

道狭草木长,夕露⑥沾⑦我衣。

衣沾不足⑧惜, 但使愿无违⑨。

注释

① 南山:指庐山。
② 兴:起身,起床。
③ 荒秽:指野草之类。秽,肮脏,这里指田中杂草。
④ 带:一作"戴",披。
⑤ 荷锄:扛着锄头。荷,扛着。
⑥ 夕露:傍晚的露水。
⑦ 沾:打湿。
⑧ 足:值得。
⑨ 但使愿无违:只要不违背自己的意愿就行了。但,只。违,违背。

读一读

小鱼儿老师：这首诗主要写了陶渊明决然地返回家园，心甘情愿地扛起了锄头，辛勤地躬耕垄亩一事。

小　虾：陶渊明住在郊野外，很少与人交往，在僻巷里很难听到车马声响。白天里，他经常关闭柴门，独处在空室中不生杂想。偏远的村落里人情淳厚，拨开草丛不时互相来往。相见时不谈论世俗之事，只说道桑麻的生长情况。

小　蟹：诗人种植的桑麻不断长高，开垦的土地日益增广。但又常担心霜雪突然早降，使桑麻也像那零落草莽。通读此诗，我想知道，他这种随心所欲的农家耕种能有好收成吗？

背一背

小鱼儿老师：这首诗从结构上可分为两层，前四句为第一层，反映了作者躬耕劳动的生活，后四句是此诗的第二层，抒写的则是作者经过生活的磨砺和对社会与人生的深刻思索之后，对真善美理想的执着追求和与现实社会污浊官场决裂的决心。

小　蟹：分层理解再连贯记忆，这样背诵就完整了。

查一查

小鱼儿老师：《归园田居》是陶渊明的组诗作品，共五首。第一首诗从对官场生活的强烈厌倦，写到田园风光的美好动人、农村生活的舒心愉快，流露了一种如释重负的心情，表达了对自然和自由的热爱。第二首诗着意写出乡居生活的宁静，以朴实无华的语言不加雕饰地描绘出一个宁静纯美的天地，表现了乡村的幽静和作者心境的恬淡。第三首诗细腻生动地描写了作者对农田劳动生活的体验，风格清淡而又不失典雅，洋溢着诗人愉快的心情和对归隐的自豪。还有两首写的是什么呢？感兴趣的同学快查一查吧！

夜宿①山寺

[唐]李 白

危楼②高百尺,手可摘星辰③。
不敢高声语④,恐⑤惊⑥天上人。

注释

① 宿:住,过夜。
② 危楼:高楼,这里指山顶的寺庙。
③ 星辰:天上星星的统称。
④ 语:说话。
⑤ 恐:唯恐,害怕。
⑥ 惊:惊动。

读一读

小鱼儿老师：此诗运用极其夸张的手法，描写了寺中楼宇的高耸，表达了诗人对古代庙宇工程艺术的惊叹以及对神仙般生活的向往和追求之情。全诗语言朴素自然、想象瑰丽、夸张巧妙、活灵活现，给人以丰富的联想和身临其境之感。这便是李白的风格。

小　　虾：一个"危"字与"高"字在同句中的巧妙组合，就确切、生动、形象地将山寺屹立山巅、雄视寰宇的非凡气势淋漓尽致地描摹了出来。山寺好像有一百尺的样子，人在楼上好像一伸手就可以摘下天上的星星。在这儿都不敢大声说话，唯恐惊动了天上的仙人。

小　　蟹：读过许多李白的诗，都那么雄奇豪放、想象丰富，我还记得"白发三千丈，缘愁似个长""飞流直下三千尺，疑是银河落九天""君不见黄河之水天上来，奔流到海不复回"。

背一背

小鱼儿老师：诗人夜宿深山里的一座寺庙，发现寺院后面有一座很高的藏经楼，于是便登了上去。凭栏远眺，星光闪烁，诗人诗兴大发，写下了这首记游写景的短诗。

小　　虾：了解了作诗的缘由和诗人的风格，这首诗背起来就容易多了。

想一想

小鱼儿老师：同学们，请你们仔细想一想，这首诗里的情景哪些是作者亲眼所见，哪些是夸张大胆的想象？

蝶恋花^①·伫倚危楼风细细

[宋] 柳 永

伫（zhù）倚危楼^②风细细，望极^③春愁，黯（àn）黯^④生天际。草色烟光^⑤残照里，无言谁会凭阑^⑥意。

拟把疏狂^⑦图一醉，对酒当歌^⑧，强（qiǎng）乐^⑨还无味。衣带渐宽^⑩终不悔，为伊消得^⑪人憔悴。

注释

① 蝶恋花：词牌名。
② 伫倚危楼：长时间倚靠在高楼的栏杆上。伫，久立。危楼，高楼。
③ 望极：极目远望。
④ 黯黯：心情沮丧忧愁。
⑤ 烟光：飘忽缭绕的云霭雾气。
⑥ 阑：同"栏"。
⑦ 疏狂：狂放不羁。
⑧ 对酒当歌：语出曹操《短歌行》"对酒当歌，人生几何"。当，应该。
⑨ 强乐：勉强欢笑。强，勉强。
⑩ 衣带渐宽：指人逐渐消瘦。
⑪ 消得：值得。

读一读

小鱼儿老师： 这是一首怀人之作。词人把漂泊异乡的落魄感受，同怀念意中人的缠绵情思结合在一起写，采用"曲径通幽"的表现方式，抒情写景，感情真挚。

小　　虾： 牵动词人的"春愁"究竟是哪一种，词人却点到为止，不再多说。我有些不理解。

小鱼儿老师： 你想想词人伫立高楼倚着栏杆，和风细细，极目远望，内心惆怅。夕阳斜照，青草映着烟霞光彩，谁懂得他倚靠栏杆时的思绪呢？"春愁"又点明了时令，春愁无际就是柳永借用春草，表达自己倦游思归以及怀念亲人的思绪。

小　　蟹： 俗话说，借酒消愁愁更愁。柳永想纵情狂饮直到一醉方休，频举酒杯强颜欢笑，了无趣味，难怪发出"衣带渐宽终不悔，为伊消得人憔悴"的感叹。

背一背

小鱼儿老师： 这首词"春愁"即"相思"，词人却又迟迟不肯说破，只是从字里行间向读者透露出一些信息，眼看要写到了却又停住，掉转笔墨。如此影影绰绰、扑朔迷离、千回百折，直到最后一句才使真相大白。词的最后两句在相思之情达到高潮的时候，戛然而止，激情回荡，又具有很强的感染力。

小　　虾： 这下我明白了，背诵这首词的时候要抓住"春愁"来记忆，由"春愁"能想到高楼、无边的春草、相思……

查一查

小鱼儿老师： 在我们的记忆中，写《蝶恋花》的词人都有谁呢？晏殊当居首位。他的"昨夜西风凋碧树，独上高楼，望尽天涯路"是千古名句。此外，苏轼、柳永和欧阳修等写得也不错。

蝶恋花·春景

［宋］苏　轼

花褪（tuì）残红青杏小①。燕子飞②时，绿水人家绕。枝上柳绵吹又少，天涯何处无芳草③！

墙里秋千墙外道。墙外行人，墙里佳人笑。笑渐不闻声渐悄④，多情⑤却被⑥无情⑦恼。

注释

① 花褪残红青杏小：指杏花刚刚凋谢，青色的小杏正在成形。褪，萎谢。
② 飞：一作"来"。
③ 天涯何处无芳草：指春暖大地，处处长满了芳草。
④ 渐悄：渐渐没有声音。
⑤ 多情：指旅途行人过分多情。
⑥ 却被：反被。
⑦ 无情：指墙内荡秋千的佳人毫无觉察。

📖 读一读

小鱼儿老师：作者的视线是从一棵杏树开始的——花儿已经凋谢，所余不多的红色也正在一点一点褪去，树枝上开始结出了幼小的青杏。燕子在空中飞来飞去，绿水环绕着一户人家。这两句描绘了一幅美丽而生动的春天画面。树上的柳絮在风的吹拂下越来越少，春天行将结束，天下之大，竟找不到一处怡人的景色吗？柳絮纷飞，春色将尽，固然让人伤感；而芳草青绿，又自是一番境界——苏轼的旷达于此可见一斑。

小　　蟹：墙里墙外就像两个世界，墙外是一条道路，行人从路上经过，只听见墙里有荡秋千的声音，一阵阵悦耳的笑声不时从里面传出，原来是有佳人在荡秋千。这一场景顿扫上阕之萧索，充满了青春的欢快旋律，使墙外行人禁不住止步，用心地欣赏和聆听着这令人如痴如醉的欢声笑语。

小　　虾：我发现上阕描写了一组暮春景色，而下阕写人，描述了墙外行人对墙内佳人的眷顾及佳人的淡漠，行人更加惆怅了。

📖 背一背

小鱼儿老师：篇幅短小的词最忌词语重复，但这三句总共十六字，"墙里""墙外"分别重复，竟占去一半，读来却错落有致，耐人寻味。墙内是家，墙外是路；墙内有欢快的生活、年轻而富有朝气的生命，墙外是赶路的行人。

小　　虾：综观全词，词人先写了春天的景，又写春天的人，而人也可以算是一种景观吧。按这样的顺序来记，是不是就简单多了呢？

📖 记一记

小鱼儿老师：苏轼长于豪放，亦擅婉约，这首词写春景清新秀丽，同时景中又有情理。苏轼与其父苏洵、其弟苏辙合称"三苏"，其文纵横恣肆，为"唐宋八大家"之一。其诗题材广阔，清新豪健，善用夸张比喻，独具风格。苏轼还与黄庭坚并称"苏黄"，与辛弃疾并称"苏辛"。

丑奴儿①·书博山②道中壁

［宋］辛弃疾

少年③不识愁滋味，爱上层楼。爱上层楼，为赋新词强（qiǎng）说愁④。

而今识尽⑤愁滋味，欲说还（huán）休⑥。欲说还休，却道天凉好个秋。

注释

① 丑奴儿：词牌名。
② 博山：在今江西省广丰县西南。淳熙八年辛弃疾罢职退居上饶，曾过博山。
③ 少年：指年轻的时候。
④ 为赋新词强说愁：为了写出新词，没有愁而硬要说有愁。强，勉强地，硬要。
⑤ 识尽：尝够，深深懂得。
⑥ 欲说还休：表达的意思可以分为两种：第一种，男女之间难于启齿的感情；第二种，内心有所顾虑而不敢表达。休，停止。

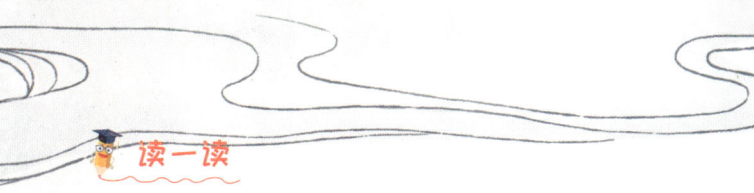

读一读

小鱼儿老师：此词通过回顾少年时不知愁苦，衬托"而今"深深领略了愁苦的滋味却又说不出道不出，写出了两种截然不同的思想感情。

小　虾：回顾表现为年少时不知道忧愁的滋味，喜欢登高远望，为写一首新词，明明无愁而勉强说愁。

小　蟹："而今"尝尽了忧愁的滋味，想说却说不出，只能说好一个凉爽的秋天哪！

背一背

小鱼儿老师：此词通篇言愁，上阕描绘出少年涉世未深却故作深沉的情态，下阕写出满腹愁苦却无处倾诉的抑郁，通过"少年"时与"而今"的对比，表达了作者受压抑、遭排挤、报国无门的痛苦之情。全词突出地渲染了一个"愁"字，并以此作为贯穿全篇的线索，构思精巧，感情真率而又委婉，言浅意深，令人回味无穷。

小　蟹：记诵的时候，要抓住上下阕描述内容的不同：上阕写少年不识愁滋味，下阕写而今历尽艰辛，"识尽愁滋味"。

小　虾：不仅如此，语句的连用和叠句也有背诵小窍门。作者连用两个"爱上层楼"，这一叠句的运用，避开了一般的泛泛描述，而是有力地带起了下文。两句"欲说还休"包含两层不同的意思。前句紧承上句的"尽"字而来，后一个"欲说还休"也是紧连下文。

品一品

小鱼儿老师：有很多人对这首词进行过评论，我们一起来品一品吧。夏承焘《唐宋词欣赏》：这首词外表虽则婉约，骨子里却是包含着忧郁、沉闷不满的情绪……用"却道天凉好个秋"这样一句闲淡的话来结束全篇。用一句闲淡的话来写自己胸中的悲愤，也是一种高妙的抒情法。深沉的感情用平淡的语言来表达，有时更耐人寻味。张碧波《辛弃疾词选读》：这首词写得委婉蕴藉，含而不露，别具一格。

采桑子

[宋] 欧阳修

群芳过后①西湖好,狼籍残红②,飞絮濛濛③。垂柳阑干④尽日风。笙歌⑤散尽游人去,始觉春空。垂下帘栊⑥,双燕归来细雨中。

> **注释**
>
> ① 群芳过后:百花凋零之后。群芳,百花。
> ② 狼籍残红:残花纵横散乱的样子。狼籍,同"狼藉",散乱的样子。残红,落花。
> ③ 濛濛:今写作"蒙蒙"。细雨迷蒙的样子,以此形容飞扬的柳絮。
> ④ 阑干:横斜,纵横交错。
> ⑤ 笙歌:笙管伴奏的歌筵。
> ⑥ 帘栊:窗帘和窗棂,泛指门窗的帘子。

🐟 **读一读**

小·鱼儿老师：这是欧阳修晚年退居颍州时写的十首《采桑子》中的第四首，抒写了作者寄情湖山的情怀。虽写残春景色，却无伤春之感，而是以疏淡轻快的笔墨描绘了颍州西湖的暮春景色，创造出一种清幽静谧的艺术境界。而词人的安闲自适，也就在这种境界中自然地表现出来。情景交融，真切动人。

小　　虾：我去过杭州西湖，微波漾漾，柳枝摆动，美不胜收。当年，欧阳修来到颍州的西湖，虽说是暮春时节，百花凋落，但依然是美的。残花轻盈飘落，点点残红在纷杂的枝叶间分外醒目；柳絮时而飘浮，时而飞旋，舞弄得迷迷蒙蒙；杨柳向下垂落，纵横交错，在和风中随风飘荡，摇曳多姿，怡然自得，整日轻拂着湖水。

小　　蟹：那后文就是从繁华喧闹中清醒过来的感觉了？繁华喧闹消失，既觉有所失的空虚，又觉获得宁静的畅适。游人尽兴散去，笙箫歌声也渐渐静息，才开始觉得一片空寂，又仿佛正需要这份安谧。回到居室，拉起窗帘，等待着燕子的来临，只见双燕从蒙蒙细雨中归来，这才拉起了帘子。

小·鱼儿老师：这正像语言学家所评论的那样："语言轻重有致，描绘优美，情感真挚，是醉翁一篇优秀的代表词作。"

🐟 **背一背**

小·鱼儿老师：全词取境典型，首句是全词的纲领，由此引出"群芳过后"的西湖景象。作者写西湖美景，动静交错，以动显静，意脉贯穿，层次井然，显示出不凡的艺术功力。

小　　蟹：这首词叙事抒情相结合，全文突出了一个"好"字。

🐟 **说一说**

小·鱼儿老师：这首词一定勾起了你不少的游览回忆，你能说说西湖美景都有哪些吗？

蝶恋花·庭院深深深几许[1]

[宋]欧阳修

庭院深深深几许，杨柳堆烟[2]，帘幕无重数。玉勒雕鞍[3]游冶处，楼高不见章台[4]路。

雨横[5]风狂三月暮，门掩黄昏，无计留春住。泪眼问花花不语，乱红[6]飞过秋千去。

注释

① 几许：多少。许，估计数量之词。
② 堆烟：形容杨柳浓密。
③ 玉勒雕鞍：极言车马的豪华。玉勒，玉制的马衔。雕鞍，精雕的马鞍。
④ 章台：汉长安街名。
⑤ 雨横：指疾雨、骤雨。
⑥ 乱红：这里形容各种花瓣纷纷飘落的样子。

读一读

小鱼儿老师：词人像一位舞台美术设计大师一样，首先对女主人公的居处做了精心的安排。词中女子正独处高楼，她的目光正透过重重帘幕，堆堆柳烟，向丈夫经常游冶的地方凝神远望。这种写法叫作欲扬先抑，做尽铺排，造足悬念，然后让人物出场，如此便能予人以深刻的印象：深深的庭院不知有多深，一排排杨柳堆起绿色的云，一重重帘幕多得难以计数。华车骏马如今在哪里游冶？我登上高楼也不见章台路。

小　虾：太绝妙了！词中写了景，写了情，而景与情又融合无间、浑然天成，构成了一个完整的意境。风狂雨骤的暮春三月，时近黄昏，即使掩起门户，也没有办法把春光留住。

小　蟹：我仿佛看到女子泪眼汪汪问花，花默默不语，只见散乱的落花飞过秋千去。

背一背

小鱼儿老师：此词写闺怨，词风深稳妙雅。此词首句"深深深"三字，前人尝叹其用叠字之工；信手拈来，用以说明全词特色之所在。这首词先说景深，再说情深，最后是意境深。

小　虾：找到每句的韵脚，读起来、背起来也就顺利多了。

说一说

小鱼儿老师："蝶恋花"，原为唐教坊曲，后用为词牌，又名"鹊踏枝""凤栖梧"。你还知道哪些词牌名呢？快和身边的小伙伴一起说说吧。

四　经典蒙学

经典蒙学读物，会引领你触摸祖国传统文化的脉搏，教你识字、知礼。本单元为大家节选了《增广贤文》《小儿语》《菜根谭》中的经典名篇。它们篇幅短小、内容实用、生动活泼、语言浅显、押韵顺口，是中华优秀传统文化的精华。读这些经典篇章，有利于我们身心的发展、人格的塑造。读着读着，你会发现展现在你面前的是一幅多姿多彩的画卷，你能体悟古人的生活智慧、领略秀丽的自然风光、感受祖国语言的优雅精致、领悟中华文化的博大和多彩，你会更加热爱我们的祖国。

同学们，大声地去朗读吧！读着读着你就会背了，读着读着你就领悟了，读着读着你就长大了。

名贤集(节选)

花有重开日,人无常少年。

少年休笑白头翁(wēng),

花开能有几日红。

人生七十古来稀(xī)^①,

多少风光不同居。

长江一去无回浪,

人老何曾^②再少年。

注释

① 古来稀:自古很稀少。
② 何曾:怎么可能。

读一读

小鱼儿老师：珍惜时间，就是爱护自己的生命。自古以来就有"一寸光阴一寸金，寸金难买寸光阴"的警句。大凡取得成就的人，没有一位是不珍惜时间的。《名贤集》中有好几句关于珍惜时间的格言，让我们一起来读一读吧。

小　蟹：我知道第二句是告诉我们，年少气盛的时候不要嘲笑年老体衰的人，谁都不可能永远年轻。

小　虾：我知道第三句是告诉我们，人能活到七十岁就很不易，应当趁年少时多出去看看，不要等到老了，走不动了，后悔就晚了。

小鱼儿老师：是呀！滚滚长江一去不复返，人老了怎么可能再回到童年？我们一定要珍惜光阴。

背一背

小鱼儿老师：这些语句都比较好理解，也希望我们能在学习生活中做到珍惜时间。让我们把这些语句背下来，时时提醒自己吧！

小　虾：老师，我发现前两句都与"花"有关。

小　蟹：我发现后两句都是以老人的口吻来劝诫我们要珍惜时间。

小鱼儿老师：你们分析得不错。两个人一起背一背吧。

补一补

小鱼儿老师：我说前半句，你补后半句：

花有重开日，（　　　　　　　　　　）。

少年休笑白头翁，（　　　　　　　　）。

人生七十古来稀，（　　　　　　　　）。

长江一去无回浪，（　　　　　　　　）。

善恶到头终有报①,只争来早与来迟。
....
劝君莫②做亏(kuī)心事,古往今来放过谁。

注释

① 报:回报。
② 莫:不要。

读一读

小鱼儿老师：我们经常说：好人有好报，恶人有恶报。

小　　蟹：也有说：善有善报，恶有恶报。不是不报，时候未到。

小　　虾：看来《名贤集》中的"劝君莫做亏心事，古往今来放过谁"就是这个意思。

小鱼儿老师：是呀！这句话劝我们不要做对不起别人的亏心事，从古到今有谁能逃过恶报呢？你们能说说生活中的例子吗？

小　　虾：猪八戒吃西瓜，乱扔西瓜皮，结果自己踩到瓜皮上滑倒了。应该也算恶有恶报吧。

小　　蟹：你帮助过别人，等你有困难时也一定会有人来帮助你。这不就是善报吗？

小鱼儿老师：说得不错，无论什么时候我们都要有一颗向善之心。

背一背

小鱼儿老师：我已经把这句话背下来了，你们呢？

小　　虾：小蟹，我们用对读的方式，我背前半句，你接后半句。这样很快就能背会。

小　　蟹：好哇！我觉得这句格言很像一首有节奏的歌谣。我们拍着手打着节奏来背，是不是更容易记住呢？

小鱼儿老师：你们的办法真多，那就来试一试吧。

划一划

小鱼儿老师：给这句格言画画节奏吧。

善恶 到头 终有 报，只争 来早 与来 迟。

劝君 莫做 亏心 事，古往 今来 放过 谁。

围炉夜话（节选）

志不可不高，志不高，则同流合污（wū）①，无足有为矣；

心不可太大，心太大，则舍近图远②，难期③有成矣。

注释

① 同流合污：思想、言行与恶劣的风气、污浊的世道相合。多指跟着坏人一起做坏事。
② 舍近图远：舍去近处的，追求远处的。形容做事走弯路。
③ 难期：难有希望。

📖 读一读

小鱼儿老师：同学们，今天我们来说说各自的志向吧。

小　　蟹：我没什么远大的志向，平平淡淡才是真嘛。

小　　虾：可我觉得，志向不能够不高远，志向不高远，就很容易受到不良环境的影响，与平庸的人一样，不会有所作为。

小鱼儿老师：对，我们每一个人都要有自己的理想和目标。而且要立足眼前，脚踏实地去努力，总是追求一些不切实际的理想，好高骛远，也难有希望取得成功。

小　　蟹：我知道了，老师。我们从小就应该有正确的人生理想，不能做一天和尚撞一天钟，只管今天，不顾明天。

📖 背一背

小鱼儿老师：这句话对我们树立人生理想有很大帮助，我们能把它背下来吗？

小　　虾：这两句话中各有一个关键词——"同流合污""舍近图远"，抓住关键词就容易背了。

小　　蟹：在你的提醒下，我知道：志不高，则同流合污；心太大，则舍近图远。因此，前半句提醒我们，志不可不高，心不可太大。

小鱼儿老师：是呀！抓住句中的关键词，联系上下文就很容易背下来了。

📖 填一填

小鱼儿老师：（　）不可不（　），志不高，则（　　），无足有为矣；
（　）不可太（　），心太大，则（　　），难期有成矣。

与朋友交游①,须将他好处留心学来,方能②受益;对圣贤③言语,必要在平时照样行去,才算读书。

注释

① 交游:交往。
② 方能:才能够。
③ 圣贤:圣人和贤人的合称。泛称道德才智杰出的人。

📖 读一读

小鱼儿老师：同学们，你们觉得怎样的关系才能称作朋友？

小　　蟹：朋友就是要有福同享、有难同当。

小　　虾：朋友应该是能互相帮助、取长补短。

小鱼儿老师：除此之外，与朋友交往，必须留心观察朋友的长处，将他的优点学习借鉴来，才能得到益处，共同进步。就像我们读古圣先贤的名言一样，一定要在日常生活中照着去做，才算是真正的读书。

小　　虾：明白了，取长补短还要躬身实践，这才是交友之道。

📖 背一背

小鱼儿老师：把这句名言作为我们交友的座右铭记下来吧。

小　　虾：这句名言对仗工整，背起来记住对应的词就容易记了。比如：朋友对圣贤，须将对必要，学来对行去，方能受益对才算读书。

小　　蟹：这是个好办法，我记住了。

小鱼儿老师：没错，你们真是爱动脑筋的孩子！

📖 写一写

小鱼儿老师：再搜集两句关于交友的名句，把它们写下来吧。

_____

_____

事当难处^①之时，只^②让退一步，便容易处矣；

功到将成之候^③，若放松一着，便不能成矣。

注释

① 难处：难以处理。
② 只：只要能。
③ 候：时候。

读一读

小鱼儿老师：同学们,当你们在生活或学习中碰到难题时,你们会怎么做呢?

小蟹：我在遇到难题实在解决不了时,就先放下,去做别的事,过会儿再从头思考一遍,有时候就突然开窍了。

小虾：是呀,在遇事时,多考虑一阵,避免仓促决定;在态度上,退一步可以使事态缓和。

小鱼儿老师：《围炉夜话》中的这句话也告诉我们:"事当难处之时,只让退一步,便容易处矣。"

小虾：但在有些情况下该坚持还要坚持。比如在事业将要成功的时候,在最艰难的时候,就要咬紧牙关,坚持到最后。如果稍一松劲儿就会以失败告终。

小蟹：这正是"功到将成之候,若放松一着,便不能成矣"。

背一背

小鱼儿老师：那我们就来背一背吧。

小虾：我是这样记的:……之时,只……,便……;……之候,若……,便……

小蟹：对,抓住两句中的相同点,再记住两句中的不同点,前一句说"事当难处",后一句说"功到将成"。

小鱼儿老师：好办法,你们总能想到记忆的好点子。

填一填

事当（　　）之时,只让（　　）一步,便（　　）矣;

功到（　　）之候,若放（　　）一着,便（　　）矣。

笠翁对韵（节选）

天对地，雨对风。大陆对长空。山花对海树，赤日对苍穹（qióng）①。雷隐隐，雾蒙蒙。日下对天中。风高秋月白，雨霁（jì）②晚霞红。牛女③二星河④左右，参（shēn）商⑤两曜（yào）⑥斗⑦西东。十月塞边，飒（sà）飒寒霜惊戍（shù）旅⑧；三冬江上，漫漫朔（shuò）雪冷渔翁。

> **注释**
>
> ① 苍穹：指青色的天空。
> ② 霁：雨后初晴。
> ③ 牛女：牵牛星、织女星。
> ④ 河：银河，天河。
> ⑤ 参商：星名，参星在西，商星在东，此出彼没，永不相见。
> ⑥ 曜：泛指日月星辰。
> ⑦ 斗：北斗星。
> ⑧ 戍旅：守卫边疆的士兵。

📖 读一读

小·鱼儿老师：我们的母语真是神奇而又美丽，它有时像一幅幅生动的画卷，有时又像一首首优美的歌曲。今天我们就来读读《笠翁对韵》，去感受它歌曲一般鲜明的节奏、和谐的韵律。

小　　　虾：我发现对韵歌的字数相等，结构、词性大体相同，意思相近或相对，读起来很有节奏感。

小　　　蟹：我发现这则对子歌，都是关于自然界里相对的景物和自然现象的。

小　　　虾：小蟹，让我们来拍着手对对子吧。

小　　　蟹：好哇！我来读你来对。

📖 背一背

小·鱼儿老师：读得真好，你们能背下来吗？

小　　　虾：我发现只要记住对子的前半部分，根据它相对或相近的规律就可以背出后半部分。比如与"天"相对的是"地"。

小　　　蟹：我还发现，这里面有一个字相对的，有两个字相对的，有三个字相对的，有五个字相对的，有七个字相对的，最长的一句有十一个字相对呢。

小·鱼儿老师：是的，观察很仔细。让我们比一比，看谁背得快。

 画一画

小·鱼儿老师：请你用下划线画出句子中相对的词。

十月塞边，飒飒寒霜惊戍旅；
三冬江上，漫漫朔雪冷渔翁。

贤对圣,是对非。觉奥(ào)①对参微。鱼书②对雁字,草舍对柴扉(fēi)。鸡晓唱,雉(zhì)朝飞。红瘦对绿肥。举杯邀月饮,骑马踏花归。黄盖③能成赤壁捷(jié),陈平④善解白登危。太白⑤书堂,瀑泉垂地三千尺;孔明⑥祀(sì)庙,老柏参天四十围。

注释

① 觉奥:弄懂深奥微小的道理。
② 鱼书:书信。
③ 黄盖:三国时东吴名将。
④ 陈平:汉高祖刘邦的重要谋臣。
⑤ 太白:唐朝诗人李白,字太白。
⑥ 孔明:三国时蜀国的丞相诸葛亮,字孔明。

🎓 读一读

小鱼儿老师：清朝著名文学家李渔编写了一部专讲对韵歌的书。李渔号称"笠翁"，所以这部书就被称为《笠翁对韵》。书中给我们介绍了许多有关天文、地理、花木、鸟兽、人物的知识，还有许多古老的神话传说和历史故事。

小　　蟹：在这则对韵歌里，我认识了四位古代圣贤。三国时，东吴名将黄盖是赤壁之战吴、蜀获胜的功臣之一。陈平是汉高祖刘邦的重要谋臣，刘邦在白登山被匈奴围困，正是陈平用计解围。还有唐代诗人李白、三国时蜀国丞相诸葛亮。

小　　虾：这里面还包含与他们相关的历史故事，我们可以找来读一读。

小鱼儿老师：是的，对韵歌不仅读起来朗朗上口，还有许多蕴含哲理的生动故事等着我们去品读。

🎓 背一背

小鱼儿老师：我们一起多读几遍把它背下来吧。

小　　虾：这一篇对子跟上一篇的格式是一样的，都是由一字对、二字对、三字对、五字对、七字对、十一字对构成。

小　　蟹：这一篇主要讲历史上的圣人贤士，把这几个人物及他们的历史故事记住就好背了。

小鱼儿老师：好，那我来考考你们，看你们记得如何。

 连一连

小鱼儿老师：同学们，请你们把意思相对的词语连起来。

梅子	海洋
红花	两个
江河	绿柳
白鹭	杏子
一行	黄鹂

朝对暮，去对来。庶（shù）矣对康哉（zāi）①。马肝②对鸡肋（lèi）③，杏眼对桃腮（sāi）。佳兴适，好怀开。朔雪对春雷。云移鸹鹊（zhī què）观④，日晒凤凰台⑤。河边淑（shū）气⑥迎芳草，林下轻风待落梅。柳媚花明，燕语莺声浑是笑；松号柏舞，猿啼鹤唳（lì）总成哀。

注释

① 庶矣对康哉：庶矣，众多的意思。康哉，安康的意思。"矣""哉"都是语气助词。
② 马肝：古人认为马肝味道差，常用马肝比喻细微琐碎的小事。
③ 鸡肋：鸡的肋骨，因为没多少肉，常用来比喻没多大价值的东西。
④ 鸹鹊观：汉武帝在云阳所建的楼台。
⑤ 凤凰台：南朝宋时在南京所建的楼台。
⑥ 淑气：指春天温和的气息。

读一读

- 小鱼儿老师：同学们，你们知道为什么许多古诗文读起来朗朗上口吗？那是因为在韵文的创作中，作者会在某些句子的最后一个字使用韵母相同或相近的字，使朗诵或咏唱时产生铿锵和谐感，这就是押韵。
- 小 蟹：我发现《笠翁对韵》就是因为押韵，读起来才有节奏和韵律的美感。
- 小 虾：是呀！我发现这一篇就押"ai"韵，读着朗朗上口。
- 小鱼儿老师：是的，这一篇描写了春天的景物，读起来让人感觉春风拂面、鸟语花香。让我们多读几遍吧。

背一背

- 小鱼儿老师：这里面有不少没学过的字，一定要把字音读准了再去背。
- 小 虾：老师，我看了下面的注释，不仅读通了字音，还理解了句意，这样再背就容易多了。
- 小 蟹：我数了数，这篇一共有六句，一句一句读懂后再去背就不难了。
- 小鱼儿老师：是的，只要用心，就没有什么能难倒我们！

拼一拼

- 小鱼儿老师：小虾、小蟹，你们来补充一下下列汉字音节的韵母，然后再读一读，看看会有什么发现。

l	z	l	s	k	t
来	哉	肋	腮	开	台

微对巨,少对多。直干对平柯(kē)。蜂媒对蝶使,雨笠对烟蓑(suō)。眉淡扫,面微酡(tuó)①。妙舞对清歌。轻衫裁夏葛(gé),薄袂(mèi)剪春罗。将相兼(jiān)行唐李靖②,霸王杂用汉萧何③。月本阴精,岂(qǐ)有羿(yì)妻④曾窃药;星为夜宿,浪传织女⑤漫投梭(suō)。

注释

① 酡:喝了酒脸色发红。
② 李靖:唐朝将领,文武双全。
③ 萧何:汉初丞相,辅佐刘邦建立汉朝。
④ 羿妻:传说中后羿的妻子嫦娥。
⑤ 织女:传说中的仙女,曾下凡与牛郎结为夫妻。

读一读

小鱼儿老师：我们读过《笠翁对韵》中的三篇了，今天这篇你读懂了吗？

小蟹：我知道李靖，他是唐初著名军事家，曾在建立唐王朝的斗争中屡立战功，后又平突厥之叛、三定朔方，被封为卫国公。"将相兼行"是说他才兼文武。

小虾：楚汉战争中，萧何辅佐汉高祖定三秦，后为汉相，制定律令，对汉王朝的建立和巩固卓有贡献。霸王杂用，是说"王道"和"霸道"两用。

小蟹：古代神话传说中，后羿从西王母那里得到了长生药，他的妻子嫦娥窃取服用后飞升到月宫。其实，月本是阴气的精华，哪里有嫦娥飞升的事呢？

小鱼儿老师：是呀，古代神话还说，织女是天帝的孙女，整夜在那里织布。世传牛郎织女隔天以梭相投。这些都是荒诞虚无的事。

背一背

小鱼儿老师：说了这么多，你们能背下来吗？

小虾：可以，我要先把难读的句子多读几遍，读通、读顺了，再连起来背。

小蟹：我要把最长的句子分段背，然后再整体背。

小鱼儿老师：你们提醒了我，我也要用这种方法背诵。

填一填

微对（　　　），少对（　　　）。

直干对（　　　）。蜂媒对（　　　），雨笠对（　　　）。

五　小古文

在小古文的百花园里，有妙趣横生的古代笑话，有智趣盎然的历史故事，更有包罗万象的百科知识。这些流传至今的经典篇章，读起来朗朗上口，是汉语言的典范。如果你仔细品读，还会发现很多有趣的语言现象，能感受到汉语言的优雅和精妙。

那怎么能更好地去理解、记忆这些经典篇章呢？请你一定要关注"读一读""背一背"这两部分。在小虾、小蟹同学与小鱼儿老师轻松活泼的对话中，可是藏着读、背小古文的锦囊妙计哟！

好啦，让我们一起走进小古文，感受它的精彩纷呈！

破瓮(wèng)救友

光①生七岁,凛(lǐn)然②如成人,闻讲《左氏春秋》,爱之,退为家人讲,即了其大旨。自是手不释(shì)③书,至不知饥渴寒暑。群儿戏于庭,一儿登瓮,足跌没水中,众皆弃去,光持石击瓮破之,水迸,儿得活。

——选自《宋史·司马光传》

注释

① 光:司马光,北宋时期著名史学家、散文家,著有《资治通鉴》一书。
② 凛然:严肃,令人敬畏的样子。
③ 释:放下。

📖 读一读

- **小鱼儿老师**：这就是你们从小听的《司马光砸缸》的故事。
- **小　　虾**：司马光遇事不慌，沉着冷静，像大人一样。
- **小　　蟹**：他好聪明，"众皆弃去"，只有他持石击瓮破之，救了小伙伴。
- **小鱼儿老师**：他的智慧从何而来呢？
- **小　　虾**：当然是读书了，"自是手不释书，至不知饥渴寒暑"，说明他很勤奋。
- **小　　蟹**：他听了一遍《左氏春秋》，就可以讲给家人听，记性真好！
- **小鱼儿老师**：司马光博闻强识，正是因为有了平时的积累，他在遇到危险时才会表现得与常人不一样啊！

📖 背一背

- **小　　虾**：我发现这篇和我们读到的其他故事不同。
- **小　　蟹**：说来听听，我还没有新发现呢。
- **小　　虾**：它是先介绍司马光的年龄和他爱读书的优点，然后讲破瓮救友的故事，我觉得可以分成两部分来记。
- **小鱼儿老师**："破瓮救友"部分咱们可以抓住动词来背。
- **小　　蟹**：对，有"戏""登""跌""弃""持"……

📖 唱一唱

- **小鱼儿老师**：有的故事可以唱出来，你们听过吗？有一首儿歌叫《司马光砸缸》，可好听了。你也来唱唱吧："哐当哐当哐当，哐当哐当哐当，司马光砸缸。哐当哐当哐当，哐当哐当哐当，司马光砸缸。有几个小朋友，围呀围着那大水缸，大家一起捉迷藏……"

勿贪多

瓶中有果。儿伸手入瓶,取之满握①。拳不能出。手痛心急。大哭。母曰:"汝②勿③贪多,则拳可出矣。"

——选自《民国老课本》

注释

① 满握:满满一把。
② 汝:你。
③ 勿:不要。

小鱼儿老师：小男孩的拳头为什么无法从瓶中出来呢？

小　　虾：因为"瓶中有果。儿伸手入瓶，取之满握"，所以出不来。

小　　蟹：我有个好办法，像司马光一样，把瓶子砸破。

小　　虾：真是个馊主意，那小男孩的手不就被玻璃扎破了？

小鱼儿老师：其实妈妈已经告诉孩子了："汝勿贪多，则拳可出矣。"

小鱼儿老师：巧记小古文的方法有很多，咱们已经学过的有哪些？

小　　虾：有理清顺序法、抓关键词法、诵读词组法、想象画面法，好多呢！

小　　蟹：小鱼儿老师，这篇小古文你打算教我们什么方法呢？

小鱼儿老师：咱们用填空法来试一试吧。

瓶中（　　　）。儿（　　　　），取之（　　　）。拳（　　　　）。手痛（　　　　）。大哭。母曰："（　　　　　　　　）"。

选一选

小鱼儿老师：同学们，考考你们哪，这篇短文告诉我们的道理是（　　）

A. 小孩的愚昧无知，软弱爱哭。

B. 人不能太贪婪，要学会取舍。

C. 小孩有锲而不舍的精神。

亡① 羊

　　臧与谷，二人相与②牧羊而俱亡其羊。问臧奚事③，则挟策④读书；问谷奚事，则博塞⑤以游。二人者，事业⑥不同，其于亡羊，均也。

——选自《庄子·骈拇》

注释

① 亡：丢失。
② 相与：在一起。
③ 奚事：干什么事。
④ 策：同"册"，古代写字用的竹简。
⑤ 博塞：这里是赌博游戏的意思。
⑥ 事业：所做的事。

📖 读一读

小鱼儿老师：小朋友，你们听过《小猫钓鱼》的故事吗？

小　　蟹：听过，小猫不专心钓鱼，一会儿追蜻蜓，一会儿捉蝴蝶，结果什么都没有钓到。

小　　虾：《小猫钓鱼》和《亡羊》有啥关系呢？

小鱼儿老师：想想，臧和谷两个人放羊时为啥都丢了羊啊？

小　　蟹：借助注释，我知道他俩一个是在读书，一个是在赌博。哦，我懂了，老师，他们俩和小猫一样。

小　　虾：看来，一个人如果不专心做事，即使是放羊这样简单的事都干不好呢！

小鱼儿老师：这就是咱们古人说的，要"在其位，谋其政"！

📖 背一背

小鱼儿老师：这则小古文用讲故事的方法比较好背。

小　　蟹：老师，我先来讲——从前，有两个人，一个叫臧，一个叫谷。两个人一起去放羊，结果把羊全丢了。人们问臧干什么事情去了，他说是拿着竹简在读书；人们又问谷干什么事情去了，他说是在和别人赌博游戏。

小　　虾：我接着来讲——他们两个人干的事情不相同，但在丢失羊这一点上是相同的，他们都是因为不务正业而受了损失。

小鱼儿老师：故事讲完了，谁先来背？

📖 讲一讲

小鱼儿老师：同学们，如果你身边的同学学习时不专心致志，你就给他讲一讲臧和谷丢羊的事吧。

驴 遇 虎

驴蒙虎皮。群兽畏之，无敢近者。驴自喜得计，时时出行，以威群兽。一日，遇虎。虎以为同类也，就而与游。驴骇(hài)①极，大鸣。弃皮而遁(dùn)②，数里不敢息③。

——选自《民国老课本》

注释

① 骇：惊惧。
② 遁：逃跑，逃走。
③ 息：停歇。

🎓 读一读

小 蟹：这头驴太搞笑了，它竟然披着虎皮来吓唬其他动物。

小 虾：这让我想起另外一个寓言故事了，叫……叫什么来着？

小鱼儿老师：是不是《狐假虎威》呀？不过这头驴可不是用谎言骗了老虎，而是用一张虎皮。

小 蟹：就算驴子披上了虎皮，也是假老虎，也是蒙骗人的把戏。

小鱼儿老师：是呀，最终驴子让自己身陷险境，幸亏逃得快，否则就会落入虎口。

小 虾：这就是搬起石头砸自己的脚哇！

🎓 背一背

小鱼儿老师：这则小古文可以用上咱们学过的两种方法来背诵。

小 蟹：可以用上抓关键词法，如"驴蒙虎皮""遇虎与游""弃皮而遁"。

小 虾：其实也可以按故事发生的起因——经过——结果的顺序来记的。

小鱼儿老师：你们两个鬼机灵，一点就通，真是"青出于蓝而胜于蓝"！

🎓 画一画

小鱼儿老师：这个故事如果画成连环画就更好玩了。同学们，拿出你们的笔，咱们也来搞搞创作！

卫 生

葛（gě）洪[1]善卫生。食不过饱，饮不过多。冬不极温，夏不极凉。卧[2]起有时，兴居有节[3]。调和筋骨，有运动之方；均齐劳逸（yì），有作息之则。其身体强健，虽老不衰（shuāi）。

——选自《民国老课本》

注释

[1] 葛洪：晋代医学家、博物学家、著名道教人士。
[2] 卧：睡觉。
[3] 节：节制，有度。

读一读

小鱼儿老师：葛洪老先生活到七十八岁，在古代这已经算高寿了。

小　　蟹：他真了不起，我知道那个年代活到五六十岁就不容易了。

小鱼儿老师：如果我们能像葛老先生一样，严格要求自己，身体也会强健不衰的。

小　　虾：是呀，吃东西别吃撑了，欲望不要过度，冬天不要太暖和，夏天不要太贪凉。做什么都要有度，过犹不及呀！

背一背

小鱼儿老师：这则小古文节奏感非常强，你们一读就会发现，它朗朗上口，多为四字词语，句式很整齐。

小　　蟹：可以抓住"四个不""两个有"来巧妙记忆。

小　　虾：你归纳得太好了，给你点一个赞！

小　　蟹：承蒙夸奖，多谢多谢！

填一填

小鱼儿老师：好的饮食作息习惯对于我们的生活来说太重要了，咱们也要健康饮食、规律作息、幸福生活呀！

食不过＿＿＿＿＿，饮不过＿＿＿＿＿。

冬不极＿＿＿＿＿，夏不极＿＿＿＿＿。

卧起有＿＿＿＿＿，兴居有＿＿＿＿＿。

公 园

道旁公园，碧草一色，杨柳数行，群鱼游池中。画梁之上，秋燕将归。白兔一双，隐于假山下。童子六七人，携（xié）手来游，顾而乐之。

——选自《民国老课本》

🎓 **读一读**

小鱼儿老师：你们喜欢和伙伴携手去公园游玩吗？

小　　蟹：喜欢，骑上自己心爱的自行车，带上漂亮的风筝……哦，太美好了！

小鱼儿老师：就知道玩，别忘了欣赏公园里的景色呀！

小　　虾：我喜欢里面的小白兔，它多么乖巧，悄悄地藏在假山下面，就怕小蟹这样顽皮的男孩。

小　　蟹：小白兔可不是我所爱，我要去池边逗鱼。

🎓 **背一背**

小鱼儿老师：你们发现了吗？这则小古文中用到了很多表示数量的词。

小　　蟹：对，有"碧草一色""杨柳数行""群鱼游池中""白兔一双""童子六七人"。

小　　虾：那我们就抓住这些带有数量词的短语来背诵吧。

🎓 **画一画**

小鱼儿老师：喜欢这美丽的公园吗？想去玩一玩吗？展开你的想象，把它画下来，别忘了把自己和小伙伴也画进画里面哟！

雪 人

大雪之后,庭中积雪数寸。群儿皆来,堆雪作人形。目张,口开,肢体臃(yōng)肿,趺(fū)坐①如僧。有顷(qǐng)②,日出雪融。雪人亦消瘦,渐化为水矣。

——选自《民国老课本》

注释

① 趺坐:盘腿端坐。
② 有顷:过了一会儿。

📖 读一读

小鱼儿老师：冬天，一场大雪过后，堆雪人是最快活的事了。

小　　　虾：就是就是，伙伴们堆的雪人可爱极了，睁着大眼睛，张着大嘴巴，好像在说："多美的冬天哪！"

小　　　蟹：不过这个雪人的四肢和身体肿胖，像和尚念经时那样坐着，好呆萌啊。

小　　　虾：可惜的是，太阳一出来，雪人就慢慢变瘦，渐渐化成水了。

小　　　蟹：不要难过，下个冬天，咱们一起再堆个雪人。

📖 背一背

小鱼儿老师：这也是一则写事的小古文，咱们先理下顺序吧。

小　　　蟹：先写积雪数寸，再写群儿堆雪人，然后描写雪人的模样，最后写雪人融化。

小　　　虾：老师，小蟹现在太厉害了，小古文越记越快！

小鱼儿老师：有句话说得好，好记性是练出来的！

📖 画一画

小鱼儿老师：古文中孩子们堆的雪人是什么样子的？你能画一画吗？

菊

菊花盛开,清香四溢。其瓣如丝,如爪。其色或黄,或白,或赭(zhě),或红,种类繁多。性耐寒,严霜既降,百花零落,唯菊独盛。

——选自《民国老课本》

🎓 读一读

小鱼儿老师：菊花有哪些颜色？

小　　蟹：有黄色，有白色，有红色，还有赭色。赭色是什么颜色呢？

小　　虾：赭色是红褐色。

小　　蟹：你是怎么知道的？

小　　虾：查字典哪。注释中如果没有，就要多读文章或者查字典。

小鱼儿老师：所以，读小古文时遇到不理解的，就得运用多种方法去解决问题。

🎓 背一背

小鱼儿老师：这篇小古文语句优美，句式工整，读来很有节奏感，背起来也很快的。

小　　蟹：我要抓住"如丝，如爪""或黄，或白，或赭……"这些词语来记。

小　　虾：那就是"两个如，四个或"，你最会找这样的句子来背了。

🎓 写一写

小鱼儿老师：选择一种你喜欢的花，留心观察一下，然后展开想象，模仿着写一个句子吧。

　　　　　　_____盛开，_____。其瓣如_____，如_____。其色或_____，或_____，或_____，或_____……

中 华

中华,我国之国名也。自我远祖以来,居①于是,衣②于是,食③于是,世世相传。我为中华之人,岂可不爱我国耶?

——选自《民国老课本》

注释

① 居:居住。
② 衣:穿衣。
③ 食:吃饭。

读一读

小　　　蟹：小鱼儿老师，借助注释我怎么还是不懂"于是"的意思呀？
小　　　虾：于是，你就请教小鱼儿老师呗！
小鱼儿老师：哈哈，此"于是"非彼"于是"，咱们联系第一句就能读懂了。
小　　　蟹：哦，经高人指点，顿时豁然开朗。
小　　　虾：那你说说你是怎么开朗的？
小　　　蟹：中华，就是我们的祖国。"居于是"就是从我们的远古祖先开始，就在这片土地上安家居住，"衣于是"就是在这片土地上织布做衣服——
小　　　虾："食于是"就是在这片土地上狩猎耕种，收获粮食。咱们世世代代都在这儿安居乐业，将来还有咱们的子子孙孙也如此。
小鱼儿老师：你俩真会学习，孺子可教也，幸甚至哉！

背一背

小鱼儿老师：给你们三分钟时间，谁背得快，就由谁来给我们分享方法。
小　　　蟹：我！
小鱼儿老师：先要理清顺序，排排队：居——衣——食。这样背，思路就清楚多了。
小　　　虾：小蟹，咱们就按老师教的方法互相背一背、比一比吧。

仿一仿

小鱼儿老师：同学们能不能也照样子仿写一下呢？试一下吧。
　　　　　　中华，我国之国名也。
　　　　　　（　　），我国之国花也。
　　　　　　（　　），我国之（　　）也。
　　　　　　（　　），（　　）之（　　）也。

万里长城

我国北方,自昔①有匈奴之患②。燕、赵诸(zhū)国,筑城以防之,各保疆土,不相联属。及始皇伐匈奴,大败之,乃修筑旧城,合而为一,后世号为万里长城,年久颓(tuí)废,累③加修筑。今所存者,东起山海关,西至嘉峪(jiā yù)关,长凡五千余里,为世界著名之钜(jù)工④。

——选自《民国老课本》

注释

① 昔:过去。
② 患:祸患。
③ 累:积累。
④ 钜工:巨匠。

读一读

小鱼儿老师：中国有句话说得好："不到长城非好汉。"可见长城在中国人民心中就是勇气、意志、精神的象征。

小　　蟹：为啥要修建长城呢？

小　　虾：我知道！是用来防范匈奴的侵袭、保护家园的。你没有看到吗？长城都修在崇山峻岭之上呢。

小　　蟹：对对对，文中写了"筑城以防之，各保疆土"。

小鱼儿老师：历代修筑的长城加起来，总长超过两万千米，所以人们就称它为"万里长城"。1987年12月，长城被列入世界文化遗产。

小　　蟹：万里长城永不倒，千里黄河水滔滔……

小　　虾：好好读书啦！

背一背

小鱼儿老师：你们俩当一次小导游好不好？

小　　蟹：好哇！我要给国际友人介绍长城修建的历史："我国北方，自昔有匈奴之患。燕、赵诸国……"

小　　虾：说风就是雨。你还是多读几遍，好好练习练习吧。

小鱼儿老师：哈哈！小蟹同学积极性可嘉，提出表扬！

填一填

小鱼儿老师：同学们，读了这篇小古文，你们了解长城了吗？试着填一下吧。
长城东起_____，西至_____，
长凡_____，为_____。

烹饪（pēng rèn）[1]

太古之人，皆食生物。后知用火，乃有烹饪。烹饪之法，或[2]炙（zhì）[3]，或煮，或蒸，必待其熟，然后食之。又有盐、糖、酱、醋，为和味之品。吾人今日所食，能适口而养生，皆烹饪之功也。

注释

① 烹饪：烧饭煮菜。
② 或：有的。
③ 炙：烤。

读一读

小　　蟹：小鱼儿老师，以前我们的祖先都是吃生的食物，我觉得这真让人难以接受。

小　　虾：但是有了火就不一样了呀！瞧，各种做法都有了。

小鱼儿老师：除了烤、煮、蒸之外，你们还知道哪些吃法？

小　　蟹：我爸爸是厨师，我知道还有炒、爆、熘、炸、煎、烧、焖、煨、焗、熏、汆、炖、熬、涮……

小　　虾：怪不得外国人总说咱们中国是美食的天下呢！

小鱼儿老师：感兴趣的话，你们还可以去了解一下中国八大菜系哟。

背一背

小　　蟹：老师，我一读就口水直流，脑海中都是美味佳肴。

小鱼儿老师：那你读完能背下来吗？

小　　虾：还是赶快抓住四字词语背起来吧！

填一填

小鱼儿老师：别流口水啦！拿起笔来学"烹饪"吧！

四大烹饪方法有_____、_____、_____、_____。

四种调味佐料有_____、_____、_____、_____。

六　诸子百家

　　这个世界上的真理都是朴素的,就好像太阳每天从东边升起,从西边落下一样;就好像春天要播种,秋天要收获一样;就好像大江大河奔流向东,激涌入海一样。光阴丰富了我们的经验,读书增长了我们的知识。

　　《论语》中有古人的经典语录,有正确的价值观,诵读这组文章,我们需要用心去领悟,并将其与生活中的人和事联系起来,指导我们的生活。

守 信

子曰:"人而无信①,不知其②可③也。大车无輗(ní)④,小车无軏(yuè)⑤,其何以⑥行之哉。"

子曰:"言必信,行必果,硁(kēng)硁⑦然小人哉。"

——选自《论语》

注释

① 信:信用。
② 其:代词,他。
③ 可:可以,行。
④ 輗:牛车车辕与轭(è)相连接的木销子。
⑤ 軏:销钉。
⑥ 何以:以何,凭什么。
⑦ 硁硁:浅薄固执的样子。

读一读

- **小蟹**：老师，我发现这两句都是在告诉我们要讲诚信。
- **小鱼儿老师**：是呀，人如果失掉了信用，就不知道他还能再干什么，这就是"人而无信，不知其可也"。就像牛车马车上没有了关键的部件，还怎么行走呢？
- **小虾**："言必信，行必果"，意思是我们说了就一定要守信用，一定要办到。比如我们借阅的图书，一定要在约定的时间内归还。

背一背

- **小蟹**：第一句我们想象着背诵，读到"人而无信，不知其可也"，就想到"大车无輗，小车无軏"而不能行走的样子。
- **小虾**：我发现打着节奏读第二句很有意思，言必信——行必果——硁硁然——小人哉。
- **小鱼儿老师**：好，赶快背一背吧。

做一做

- **小鱼儿老师**：诚信是一个人最重要的品质，从今天起，让我们努力做一个"言必信，行必果"的人吧。

德 与 行

子曰："德不孤，必有邻①。"

子曰："道②听而途说，德之弃也。"

子曰："过③而不改，是谓④过⑤矣。"

——选自《论语》

注释

① 邻：邻人，邻居。这里指思想品格一致、志向相同、能共同合作的人。
② 道：路。
③ 过：有过错。
④ 是谓：这才是。
⑤ 过：过错。

读一读

小　　蟹：有的人喜欢到处传一些不知真假的话，让人很讨厌，我觉得这就是"道听而途说，德之弃也"。

小　　虾："德不孤，必有邻"的意思是有道德的人是不会孤单的，一定会有志同道合的人来和他相伴。

小鱼儿老师：关键的是，一个有道德修养的人，一定能做到知错就改，明知犯了错误还不改正，才是真正的过错。

背一背

小　　虾：我可以和同桌一起背，又快又准确。

小　　蟹：第二句里有一个我们现在常用的成语——道听途说，把这个记住就更好背了呢！

小鱼儿老师：你俩可是越来越善读善思了，行动起来吧。

说一说

小鱼儿老师：俗语说"德不孤，必有邻"。你一定也有好朋友，说说他们身上值得你学习的品质吧。

滥竽充数①

齐宣王②使③人吹竽,必三百人。南郭④处士请⑤为王吹竽,宣王说⑥之,廪(lǐn)食(sì)⑦以⑧数百人。宣王死,湣(mǐn)王⑨立,好一一听之,处士逃。

——选自《韩非子·内储说上七术》

注释

① 滥竽充数:比喻没有真实本领的人混在行家里面充数,也比喻以次充好。滥竽,不会吹竽。滥,失实的。竽,一种古代乐器,即大笙。充数,凑数。
② 齐宣王:战国时期齐国的国君,姓田,名辟疆。
③ 使:派,让,指使。
④ 南郭:郭指外城墙,南郭指南城。
⑤ 请:请求。
⑥ 说:通"悦",喜欢。
⑦ 廪食:官府供食。廪,粮仓。食,给东西吃。
⑧ 以:给。
⑨ 湣王:齐国国君,宣王的儿子,在宣王死后继位。姓田,名地。

📖 读一读

小鱼儿老师：这是一则寓言，南郭处士是无德无才、招摇撞骗的人，他为齐宣王吹竽蒙混过关了，但是在齐湣王即位后不得不逃之夭夭。结合注释读一读这则寓言故事吧。

小　　虾：南郭处士在齐宣王在位时能够蒙混过关，是因为齐宣王喜欢听三百人一起吹，而齐湣王喜欢听人们一个一个吹，南郭处士技术不行就不好混了。

小　　蟹：原来这则寓言是讽刺不学无术的人，告诉人们要有真才实学，才能应对各种挑战！

📖 背一背

小鱼儿老师：这则寓言一共只有三句话，第一句和第二句都是写齐宣王听人吹竽，先写整体情况，再说南郭处士为齐宣王吹竽。第三句写齐湣王听吹竽的情况。按故事的发展顺序背，相信你一定能够很快背会！

小　　虾：对，我就按这种方法试一试！

小　　蟹：我觉得第二句最难，我先把这句反复背几遍，也很快就背会了这则寓言。

📖 说一说

小鱼儿老师：我们日常生活中有没有发生过"滥竽充数"的事呢？请你仔细想一想，先跟同桌说一说，再讲给同学们听。

守株①待兔

宋人有耕者。田中有株。兔走②触株，折颈而死。因释其耒（lěi）③而守株，冀④复得兔。兔不可复得，而身为宋国笑⑤。

——选自《韩非子·五蠹》

注释

① 株：露出地面的树根和树茎。
② 走：跑，逃跑。
③ 耒：古代的一种农具，形状像木叉。
④ 冀：希望。
⑤ 而身为宋国笑：而他自己却被宋国人耻笑。

读一读

小虾：《守株待兔》这则寓言故事的白话文我们都已经读过了，文言文就更简练了。"宋人有耕者。田中有株。兔走触株，折颈而死。"十七个字就把事情的起因说清楚了——宋国有一个人，捡到一只撞死在树桩上的兔子。事情的经过写得就更令人佩服了："因释其耒而守株，冀复得兔。"仅仅一句话，就把捡兔子的人的所想和所做写清楚了。

小鱼儿老师：你说得对！这则寓言的确短小精炼。但是文中有两个词需要我们注意，其一是"走"，这是一个古今异义的字，文言文里的"走"是"跑"的意思；还有一个是"耒"，这是指一种农具，有点儿像现在的犁。

背一背

小鱼儿老师：这则寓言很短小，按照事情的发展顺序，抓住起因——经过——结果，很快就能背会。

小虾和小蟹：我们比一比，看谁先背会！

演一演

小鱼儿老师：同学们，你们可以演一演这则寓言。再想一想，这个人为什么受到了大家的嘲笑呢？你能告诉他原因吗？

盖有①不知而作之者②

子曰："盖有不知而作之者，我无是也。多闻，择其善③者而从之；多见而识④之，知（zhì）⑤之次也。"

——选自《论语·述而篇》

> **注释**

① 盖有：大概存在。
② 不知而作之者：什么都不懂却在那里凭空创造的人。
③ 善：好的。
④ 识：记住。
⑤ 知：通"智"，智慧。

读一读

小鱼儿老师：我想起一个小故事："梁国杨氏子九岁，甚聪惠。孔君平诣其父，父不在，乃呼儿出。为设果，果有杨梅。孔指以示儿曰：'此是君家果。'儿应声答曰：'未闻孔雀是夫子家禽。'"从这件事看，杨氏之子真是又机敏又讲礼仪。历史上有些人的确是聪明，所以孔子说第一等人是天才，既然不是天才，就要靠学问来弥补。自己不是天才，又不肯求学问，就是"不知而作"的，那就完了。不是天才又不学习，学问怎么来呢？多听人家的，多看、多吸收经验，多跟人家学，这就是"多闻，择其善者而从之；多见而识之"。

小　虾：老师，"多闻，择其善者而从之；多见而识之"就是孔子的学习方法吧？

小鱼儿老师：是的，对自己所不知道的东西，应该多闻、多记，努力学习。

背一背

小　蟹：这则小古文，我读三遍就能背诵下来。

小　虾：说说看，你是怎么背的。

小　蟹：第一遍，把难读的"盖有不知而作之者"和"择其善者而从之"读顺了；第二遍，把每一句开头的字牢牢记住；第三遍，串起来就可以了。

小　虾：这就是传说中的"化零为整法"了吧？

找一找

小鱼儿老师：苏轼说过："博观而约取，厚积而薄发。"《三国志》里也有"读书百遍，其义自见"的学习方法。同学们，你们能找到古人有关学习的名言警句吗？多多找来，向古人学习吧。

说　明

在本书编选过程中，我们采取多种渠道与作者（译者）联系，但因作品时间跨度较大，作者面非常广，仍有部分选文的作者（译者）未能联系上，敬请谅解，并请作者在见到本书后及时联系我们，我们将立刻寄上样书，并按国家相关规定奉寄稿酬。谢谢您的理解与支持！

《写给小学生的分级诵读课：经典百字文100篇》编委会